Aquino

Luiz Sérgio Dias

O Samba-Enredo Visita

a História do Brasil

O Samba-de-Enredo e os Movimentos Sociais

CB033774

EDITORA
CIÊNCIA MODERNA

Editor: Paulo André P. Marques
Diagramação: Verônica Paranhos
Capa: Katy Araujo
Copidesque: Tereza Cristina N. Q. Bonadiman
Revisão de Provas: Camila Cabete Machado

FICHA CATALOGRÁFICA

AQUINO, Rubim Santos L. de e DIAS, Luiz Sérgio;
O Samba-Enredo Visita a História do Brasil - O Samba-de-Enredo e os Movimentos Sociais
Rio de Janeiro: Editora Ciência Moderna Ltda., 2009.

1. História da Cultura.
I — Título

ISBN: 978-85-7393-601-8   CDD 909

Editora Ciência Moderna Ltda.
R. Alice Figueiredo, 46 – Riachuelo
Rio de Janeiro, RJ – Brasil   CEP: 20.950-150
Tel: (21) 2201-6662/ Fax: (21) 2201-6896
LCM@LCM.COM.BR
WWW.LCM.COM.BR   03/09

Agradecimentos

Qualquer obra nunca é fruto exclusivo dos seus autores eminentes, por mais capazes ou diligentes que o sejam. Haverá sempre alguém que participou, de uma forma ou de outra, para que, ao final, um edifício seja construído. Edifício, vem de edificar, construir; pedra por pedra, andar por andar, até que o produto final possa ser utilizado. Mas, nem todo edifício é de pedra e argamassa. Existem edifícios de papel e tinta, como existem também edifícios de vida.

Brecht indagou em seu poema *Pergunta de um Operário que Lê*, "Quem construiu a Tebas das sete portas? Segundo ele, foram tantos e tantos ao longo do tempo. Mas, mesmo assim, quantos não foram lembrados? Omissão? Esquecimento? Impossível responder. Só mesmo a certeza dos temerosos e dos inflexíveis poderia responder."

A lembrança é, muitas vezes, uma atitude de coragem; outras vezes, vem trazida pelo reconhecimento de que, em algum momentos, alguém caminhou ao seu lado fazendo aquilo que o grande Cartola afirmou, certa vez, sobre a sua Estação Primeira da Mangueira: "fiz o que pude".

Assim, vão nossos sinceros agradecimentos para Moacyr Barreto Filho, professor, mangueirense e rubro-negro, amigo que não faltou nos momentos mais difíeis da construção deste trabalho, quando a sua organização necessitava de um rumo. Cedeu lugar e hora, buscou suportes institucionais e financeiros, sem deixar de esbanjar simpatia e, ao mesmo tempo, pautar-se pela sinceridade. Dele, pode ser dito, que, como Cartola, "fez o que pôde".

Para Ana Maria Andrade vão outros tantos agradecimentos. Por seu trabalho cuidadoso no trato dos originais, em particular na sua montagem final em disquete, ela contribuiu de forma carinhosa para que este edifício ficasse pronto.

Enfim, sem qualquer pieguice, não é demais afirmar que este livro é também do Moacyr e da Ana Maria.

Os Autores
Maio/2007

Sumário

O SAMBA-ENREDO E A HISTÓRIA DO BRASIL

A partir da importância assumida pelas escolas de samba na História do Carnaval carioca, torna-se oportuna uma ampliação do leque de estudos a respeito dessas instituições. Nesse particular, os sambas-enredo construíram um acervo que não tem sido contemplado à altura da sua significação no âmbito da cultura carioca. A par da dedicação de estudiosos à história das escolas de sambas, os sambas-enredo, suportes poético-melódicos dos desfiles, foram, até aqui, pouco analisados.

Frutos da criatividade cultural de componentes das classes subalternas, esses sambas possuem, como as próprias escolas de samba, uma história que se enriquece a cada ano. Envolvidos na elaboração dessas composições, poetas e músicos não são apenas agentes estimulados por uma competição marcada progressivamente por uma crescente ostentação e brilho; eles são cronistas de momentos distintos da vida brasileira, não importando os recursos verbais e melódicos empregados.

O presente trabalho objetiva analisar essa produção cultural entendendo-a como expressão de visões singulares, não só da História brasileira como também do próprio cotidiano popular, suas alegrias, tristezas, esperanças e preocupações.

Assim, o que se pretende é ampliar o conhecimento sobre essa produção e, a partir de então, passar à sua ordenação e divulgação. Para alcançar os objetivos propostos, o trabalho envolverá duas linhas de abordagem da temática exposta:

O samba-enredo e os movimentos sociais brasileiros: as abordagens dos movimentos sociais presentes nos sambas-enredo, compostos em diferentes épocas, serão analisadas observando-se as particularidades de cada uma delas.

O samba-enredo e os grandes personagens da História Brasileira: neste item será adotada uma mecânica idêntica àquela do anterior.

Consideramos que os sambas-enredo constituem um objeto especial a ser apreciado enquanto uma forma de produção cultural das classes populares, pois a sua trajetória dá oportunidade para que um tipo de produção cultural subalterna possa ser avaliada. Para tanto, é fundamental que se reconheça que os sambas-enredo, da mesma forma que as escolas de samba, possuem uma história vivida há mais de seis décadas na cidade do Rio de Janeiro. À semelhança dos blocos, cordões e ranchos, representam organizações de origens sociais populares que conquistaram progressivamente um espaço público na antiga capital federal. Essa conquista, em verdade o direito de se organizar e desfilar, fez com que essa organizações ingressassem em um universo público regido por normas de comportamento e leis que, no mínimo, exigiam adequações, como, por exemplo, regras para desfile e assim por diante. No entanto, essas adequações estavam sujeitas ao jogo pendular que rege as relações entre os contrários; circunstância que explica, por exemplo, a possibilidade de organizações de origens negras poderem desfilar em determinados dias e, de outro lado, o estranhamento da opinião pública – branca, por sinal – quanto ao espetáculo em si, à natureza das músicas etc.

A progressiva ordenação oficial imposta às escolas de samba a partir de meados da década dos anos trinta garantiu-lhes, entre outros aspectos, a inserção no calendário de festas da cidade. Com isso, o Carnaval passou a representar o momento em que cada escola saía de seu lócus original para participar de uma disputa com suas similares. Assim, cada disputa ganhou a condição de oportunidade datada – os dias de Carnaval – para que cada uma das escolas de samba procurasse se apresentar de forma capaz de superar suas rivais, em verdade, suas irmãs. Dada a baixa renda da maioria dos seus componentes, a criatividade de cada escola repousava inicialmente muito mais na habilidade e competência de sambistas, pastoras e baianas e, particularmente, na poesia dos autores dos sambas-enredo. Estes eram verdadeiros hinos que embalavam e conduziam no asfalto centenas de componentes, em sua maioria negros e mulatos vindos dos morros e dos subúrbios, a desfilar fantasias de corpo e alma por breves momentos a cada ano.

Ao longo de mais de seis décadas, por mais que tenham ocorrido mudanças na natureza dos desfiles de escolas de samba e, com elas, nos sambas-enredo, a criatividade dos compositores permaneceu viva e fecunda. Cabe aos analistas interessados a tarefa de avaliar como esses poetas e músicos das classes populares entenderam e responderam às transformações sofridas pela sociedade urbana no Rio de Janeiro, às injunções de caráter político e de natureza mercadológica a que as escolas de samba dificilmente conseguiram ficar imunes, mesmo que se considere, como já foi assinalado, o jogo pendular que regula as relações entre contrários.

De outro lado, convém recordar que nem sempre os criadores têm uma noção da totalidade da obra que construíram. Assim, a análise dos sambas-enredo cariocas ao longo da sua história implica a possibilidade de se trazer à luz, não só um pouco do sentimento e da voz de componentes das classes populares, como também a oportunidade de se buscar a compreensão do mecanismo intelectual revelador das formas como esses agentes culturais, por vezes tão menosprezados, entendem a História e, por que não dizer, a própria cultura do país.

O samba-enredo foi, nas últimas seis décadas, o núcleo em torno do qual gravitou uma das mais genuínas manifestações artísticas e culturais brasileira – o Carnaval. Esta festa, tão cara aos cariocas, envolve, desde a definição do enredo ao desfile na avenida, vários campos da produção artística. Poetas, músicos, coreógrafos e artistas plásticos, muitos anônimos e sem formação acadêmica, trabalham meses a fio para serem, durante cerca de uma hora e meia, anfitriões de um espetáculo multi-sensorial sem paralelo, que engloba, simultaneamente, características tão díspares que remetem desde as dionisíacas gregas às procissões católicas, emolduradas por todo o lastro cultural trazido da África pelos negros escravizados.

Este trabalho visa produzir uma obra com perfil inédito, na qual, a partir do enquadramento das letras dos sambas enredo nas áreas temáticas previstas, seja situada a produção artística no contexto histórico, político e sociocultural.

Esperamos que nosso trabalho apresente condições de caracterizar o samba-enredo como uma manifestação artística e cultural que possibilita desvelar as múltiplas leituras feitas, pelas classes populares, da História da sociedade brasileira.

OS AUTORES

PODE-SE BRINCAR COM COISA SÉRIA

Roberto Medronho
Médico e sambista

De deliciosa leitura, este texto nos brinda com uma viagem muito interessante nos labirintos de nossa História, que foi cantada através do samba-enredo. A fonte de inspiração dos autores são os movimentos sociais que ansiavam por liberdade e os grandes personagens que participaram e mesmo influenciaram nossa História. A eterna luta contra toda a forma de opressão é cantada e decantada. Em uma narrativa livre, leve e solta, os autores (re)constituíram períodos marcantes de nossa História, destacando-se o Descobrimento, a chegada da Corte Imperial, a República e os períodos mais recentes, dos quais deve ser destacada a noite escura que se abateu sobre nosso povo e que ainda assim não conseguiu reprimir nem a crítica nem a alegria e a irreverência de um povo que teima em ser feliz.

O texto aborda aspectos fundamentais de momentos históricos gloriosos da luta de um povo contra a dominação, a exploração e o servilismo. Sambas antológicos compostos por Candeia, Silas de Oliveira, Mano Décio da Viola, entre outros, são verdadeiras pérolas do cancioneiro popular, alguns atuais até os dias de hoje. Merece destaque o samba-enredo Heróis da Liberdade, composto por Mano Décio, Silas de Oliveira e Manoel Ferreira, não apenas pelos seus lindos versos e bela melodia, mas também pelos problemas com a ditadura militar que esses grandes compositores tiveram que enfrentar. A inusitada resposta que Silas de Oliveira dá ao oficial do DOPS quando seus autores foram chamados a depor é de uma singeleza desconcertante e denuncia toda a bestialidade da censura neste negro período de nossa História.

Interessante destacar que os autores discorrem sobre nossa História sem dogmas ou sectarismo, sem abrir mão do cunho profundamente progressista de sua narrativa. Além disso, eles não se furtam a apontar inconsistências históricas contidas em alguns sambas, sem, no entanto, adotar um tom professoral e superior.

Embora não seja objeto dos autores, eles fazem uma análise crítica muito interessante da evolução das escolas de samba, o que certamente contribuirá para o debate tão atual sobre os rumos do Carnaval carioca. Enfim, este é um livro que deve ser lido por todo cidadão interessado em conhecer de forma lúdica a História de um povo. Além disso, o texto valoriza e reconhece a importância do samba-enredo na formação de nossa cultura popular. Na verdade, com este livro, os autores quebram um paradigma e efetivamente mostram que se pode brincar com coisa séria.

SAINDO DA HISTÓRIA E ENTRANDO NA AVENIDA

Marcelo de Sá Corrêa
Professor e produtor cultural

O caráter transgressor do Carnaval, subvertendo a ordem e ignorando hierarquias, sempre assustou as classes dominantes, que foram criando mecanismos de controle, tentando estabelecer limites à "ofegante epidemia" – como Chico Buarque chamou o Carnaval em *Vai Passar*.

"...O menino é a menina

E o doutor juiz é a bailarina..."

Vitória da Ilusão (Moacyr Luz /Aldir Blanc)

"...Quem brincava de princesa

Acostumou com a fantasia..."

Quem te Viu, Quem te Vê (Chico Buarque)

Desde os primeiros anos da Era Vargas, a intervenção do Estado no Carnaval – como, de resto, em vários aspectos da cultura popular – se fez notar de maneira clara e sistemática.

Na primeira metade da década de 1930, a prefeitura da cidade do Rio de Janeiro, então Distrito Federal, foi, sucessivamente, tomando medidas restritivas com relação ao Carnaval. Primeiro, determinou a data e o local do desfile. Em seguida, transformou-o em competitivo e assumiu sua organização. Não satisfeita, inventou a eleição do Rei Momo, que culminava com a cerimônia da entrega das chaves da cidade ao eleito, uma forma de deixar claro como tudo aquilo era provisório e consentido.

Finalmente, em 1936, tornou-se obrigatório, por decreto, que os temas dos desfiles das Escolas de Samba enaltecessem as figuras e os episódios relevantes da História do Brasil – relevância, claro, sob a ótica dos vencedores. Assim, nossos heróis oficiais saíram da História para entrar na avenida.

Até então, cada escola desfilava ao som do samba escolhido por aclamação na sua quadra – não havia sequer uma disputa formal. Os compositores, acostumados à temática livre, tiveram a princípio imensa dificuldade para criar. Era um monstruoso desafio juntar aquele monte de informações a uma melodia simples, de agrado da comunidade.

Esta situação inspirou o humorista Stanislaw Ponte Preta – heterônimo do jornalista Sérgio Porto – a compor, em 1968, o impagável "Samba do Crioulo Doido", grande sucesso na gravação do Quarteto em Cy. Ressalva-se o caráter preconceituoso do título, pois acabou criando mais um termo pejorativo reservado aos brasileiros afro-descendentes. A letra retrata de modo caricatural e hilariante a confusão que a imposição causava. Vale a transcrição integral:

"Foi em Diamantina

Onde nasceu JK

Que a Princesa Leopoldina

Arresolveu se casá

Mas Chica da Silva

Tinha outros pretendentes

E obrigou a princesa

A se casar com Tiradentes

O bode que deu, vou te contar

Joaquim José

Que também é

Da Silva Xavier

Queria ser dono do mundo

E se elegeu Pedro II

Das estradas de Minas

Seguiu pra São Paulo

E falou com Anchieta

O vigário dos índios

Aliou-se a Dom Pedro

E acabou com a falseta

Da união deles dois

Ficou resolvida a questão

E foi proclamada a escravidão

Assim se conta essa história

Que é dos dois a maior glória

Da Leopoldina virou trem

E D. Pedro é uma estação também

O, ô, ô, ô, ô, ô

O trem tá atrasado ou já passou."

De fato, as primeiras safras deste novo gênero musical tiveram pouquíssima aceitação popular. Uma prova disto é que a primeira gravação de um autêntico samba-enredo – "Tiradentes" (Mano Décio /Estanislau Silva /Penteado) – só seria feita em 1955, mesmo assim por decisão pessoal do grande cantor Roberto Silva – aliás, até hoje em grande forma.

Com o tempo, o talento de alguns compositores foi descobrindo soluções e abrindo caminhos, e o samba-enredo passou a dominar o Carnaval, sobrepujando as marchinhas e as marchas-ranchos. Vale ressaltar, dentre seus grandes criadores, os imperianos Silas de Oliveira e Mano Décio da Viola, que, juntos, ou em parceria com outros compositores, são autores de inesquecíveis clássicos do gênero.

A ditadura militar de 1964 aproveitou a herança getulista e manteve o Carnaval sob controle e repressão, chegando a censurar até carros alegóricos. O Carnaval resistiu, com criatividade e coragem. Por exemplo, logo após o AI-5, a Império Serrano desfilou com o antológico "Heróis da Liberdade". E há muitas outras obras-primas feitas neste período.

Depois de sete décadas, marcadas por desafios e superações, o rico material produzido pelos compositores populares, nascidos e criados em comunidades carentes, compõe um importante mosaico da História do Brasil.

Nestes dois volumes de "O Samba-Enredo Visita a História do Brasil", os professores Rubim Aquino e Luiz Sérgio Dias, dois apaixonados pelo samba, emprestam seu olhar de historiadores e conduzem o leitor, com a elegância e a firmeza de autênticos mestres-salas, através do acervo acumulado nestes 70 anos de vida. O resultado é um desfile impecável: nota 10 em todos os quesitos.

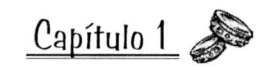

Capítulo 1

DE CABRAL A D. JOÃO (1500 – 1808)

Prof. Luiz Sergio Dias

"Quem foi que inventou o Brasil?
Foi seu Cabral... foi seu Cabral!...
no dia 21 de abril...
dois meses depois do Carnaval!..."

Ao lançar, em dezembro de 1933, a marcha carnavalesca "História do Brasil", o compositor carioca Lamartine Babo, com a verve e a ironia que lhe eram características, deu asas a uma idéia bastante firmada no imaginário popular: o Brasil começara a existir com a chegada da frota cabralina. Com Pedro Álvares Cabral teve início uma longa estória, plena de dores e de alegrias, que, de acordo com o narrador, poderia ter seguido este ou aquele caminho. A esse respeito, dificilmente alguém terá anarquizado tanto o início daquela estória como Oswald de Andrade em seu poema "Erro de português", escrito em 1925:

"Quando o português chegou
Debaixo duma bruta chuva
Vestiu o índio
Que pena!
Fosse uma manhã de sol
O índio tinha despido
O português."

De um modo ou de outro, com Lamartine ou com Oswald, o que estava em questão era a origem do Brasil: em tese, a sua certidão de nascimento, ou talvez o seu batizado. Com Lamartine, em verdade, o principal marco não era a invenção do Brasil, mas o Carnaval. Já para Oswald, o Brasil nascera de uma opção entre a civilização e a selvageria.

Ironias à parte, é importante reconhecer que as discussões a respeito da chegada da frota de Cabral à terra mais tarde chamada Brasil, há muito deixaram de se dar em torno das hipóteses do acaso e da intencionalidade. Em verdade, as preocupações quanto à importância daquele acontecimento para a política expansionista portuguesa, bem como da ocupação e da exploração da terra brasileira, ganharam uma significação considerável. Assim, o 22 de abril, que chegou a ser feriado nacional, acabou sendo relegado a um quase esquecimento no âmbito das comemorações históricas.

No entanto, a lembrança do Descobrimento não se tornou inteiramente letra morta, pois ela representa um papel singular quando determinadas indagações envolvem a questão da origem do Brasil. Se descoberta ou invenção, o Brasil passou a ser entendido a partir do 22 de abril de 1500; em verdade, o dia do início de uma lembrança que, muitas vezes, acaba por construir um mito nacional.[1]

No universo do imaginário popular, o descobrimento ocupa um lugar destacado em virtude de sua lembrança evocar, entre outros fatores, coragem, aventura, disposição e fé. Nele, os navegadores portugueses foram comparados, muitas vezes, aos míticos argonautas, enfrentando o desafio do oceano e das borrascas, movidos pela certeza no desempenho de uma missão que lhes traria glória e exaltação, mais do que recompensas materiais. Por mais que sejam criticadas como ingênuas e alienadas, essas manifestações poéticas expressam um orgulho na exaltação da forma como o Brasil surgiu: filho da bravura e da fé. Dessa forma, elas não devem ser entendidas como provas ou expressões de

---

[1] "A América não estava aqui à espera de Colombo, assim como o Brasil não estava à espera de Cabral. Não são 'descobertas' ou, como se dizia no século XVI, 'achamentos'. São invenções históricas e construções culturais. Sem dúvida, uma terra ainda não vista nem visitada estava aqui. Mas *Brasil* (como também *América*) é uma criação dos conquistadores europeus. O *Brasil* foi instituído como colônia de Portugal e inventado como 'terra abençoada por Deus', à qual, se dermos crédito a Pero Vaz de Caminha, 'Nosso Senhor não nos trouxe sem causa', palavras que ecoarão nas de Afonso Celso, quando quatro séculos depois escreveu: 'Se Deus aquinhoou o Brasil de modo especialmente magnânimo, é porque lhe reserva alevantados destinos'. É essa construção que estamos designando como mito fundador." CHAUI, Marilena – *Brasil. Mito fundador e sociedade autoritária*. São Paulo: Editora Fundação Perseu Abramo, 2000, p. 57-58.

infantilidade ideológica ou de servidão política de mentes colonizadas. Elas, em suma, representam uma leitura histórica, e assim devem ser julgadas.

A esse respeito, observando-se os desfiles das principais escolas de samba do Rio de Janeiro entre 1962 e 2000, nota-se que o Descobrimento foi tema em seis Carnavais. Grosso modo, isso significa que, em média, de seis em seis anos, Cabral, Caminha, caravelas e oceanos, entre outras referências, embalaram os desfiles de diferentes agremiações.

Momento marcante nessa seqüência de sambas-enredo decorreu, provavelmente, da apresentação do poema sinfônico "Descobrimento do Brasil" de Heitor Villa-Lobos no Teatro Municipal do Rio de Janeiro, em dezembro de 1961, espetáculo que impressionou sobremodo a Arlindo Rodrigues. Da imponência da montagem da peça à sugestão para o enredo salgueirense para o Carnaval do ano seguinte foi um passo: em 1962, o Salgueiro desfilou com o samba da autoria de Geraldo Soares Carvalho, mais conhecido como Geraldo Babão, com o mesmo título da grande obra de Villa-Lobos, e que foi cantado na Avenida por Noel Rosa de Oliveira.

"É lindo recordar

A nossa história com seus trechos importantes

Assim como o Descobrimento

Do nosso torrão gigante

No dia nove de março do ano de 1500

deixaram o cais do Tejo em Portugal

Treze caravelas

Comandadas por Pedro Álvares Cabral

Após navegar vários dias,

Afastando-se da costa

Evitando as calmarias

Finalmente, no dia 22 de abril

Pedro Álvares Cabral descobriu

A nossa Pátria idolatrada

Dando o nome de Ilha de Vera Cruz

Depois Terra de Santa Cruz

Lá-rá, lá-rá, lá-ra-lá-rá, lá-rá, lá-rá, lá-rá, lá-rá-lá.

Lá, lá-rá, lá, lá-rá, lá-rá, lá, rá-lá, rá-la, lá-rá, lá, rá.

Trazia Cabral em sua frota

homens de conhecimento

Entre eles destacamos Pero Vaz de Caminha

Que foi um grande talento

E o diário da viagem, ele mesmo escreveu

O autor da carta histórica

Que o mundo inteiro conheceu

Quanta beleza se encerra

Nesta linda terra de encantos mil

Recordamos mais um trecho de glória

Da História do Brasil."

Esse samba-enredo afastou momentaneamente o Salgueiro da temática negra, explorada em 1960 e 1961, respectivamente com "Quilombo dos Palmares" e "Vida e Obra do Aleijadinho", e que foi retomada no ano seguinte – 1963 – com o notável "Chica da Silva". Com o "Descobrimento do Brasil", o Salgueiro ficou em 3° lugar, atrás da Portela e do Império Serrano, resultado que desagradou a muitos salgueirenses.[2]

Produto de um só autor – letra e música – "Descobrimento do Brasil" explorou parcialmente o estilo descritivo, narrando os principais momentos da viagem da esquadra de Cabral: a partida das treze caravelas do cais do Tejo, a preocupação com as calmarias e, finalmente, a descoberta. Em contraponto ao viés didático dessa narrativa, Babão lançou mão de recursos de adjetivação próprios do recurso que Rachel Valença[3] denominou "palavras de purpurina": *torrão gigante, Pátria idolatrada, linda terra de encantos mil* e *trecho de glória*. O emprego desses recursos poéticos na letra do samba-enredo soam menos como expressão de simplicidade do que como vocábulos que exaltam

---

[2] "O Morro do Salgueiro custou a digerir aquele terceiro lugar, a seu ver tão inesperado quanto injusto. Até hoje o pessoal mais da antiga não se conforma e canta o samba do Babão de cabo a rabo, para mostrar a sua indiscutível qualidade, e descreve com extrema riqueza de detalhes o desfile inteiro." COSTA, Haroldo – *Salgueiro: Academia de Samba:* Rio de Janeiro: Record, 1984. p.124.

[3] Consultar a respeito: VALENÇA, Rachel. *Palavras de purpurina. Estudo lingüístico do samba-enredo.* Niterói: Instituto de Letras /UFF, Tese mestrado, 1983 (mimeo).

a empreitada portuguesa e, em particular, o que dela resultou. Para o autor, o Brasil, então nascido, não é um país qualquer: ele é gigante e lindo e, antes de tudo, é amado, além de ter "vindo ao mundo" em um momento de glória.

Sete anos após "Descobrimento do Brasil", a Portela desfilou com "Treze Naus", da autoria de Ari do Cavaco. Além de ser, como o samba-enredo salgueirense, composição de um só autor, o Carnaval de 1969 da azul e branca de Osvaldo Cruz também foi uma evocação do Descobrimento do Brasil, embora a letra o faça por meio da exaltação da figura de Cabral, dando feição poética ao enredo criado por Clóvis Bornay.

> "Apesar de muitos séculos passados
> Jamais o povo esquecerá
> Essa gloriosa página
> Que hoje tornamos a exaltar
> Saindo de Portugal
> Trazendo sob seu comando treze naus
> Com destino às Índias
> Seguia Pedro Álvares Cabral
> Mas ao se afastar das calmarias
> Novas terras descobria
> Criava assim um mundo novo
> E glorificava um grande povo
> Esse feito colossal
> Fez o nobre de Belmonte imortal
> O seu sangue de aventureiro
> Seu amor ao marinheiro
> Ao seu rei e a Portugal
> Sua bravura e coragem
> Cruzando mares de estranhas regiões
> Dele fizeram herói
> Orgulho de suas nações
> Ao finalizar esta epopéia deslumbrante

Com imenso orgulho exaltamos

O nome desse nobre navegante."

De novo a adjetivação marcou um samba-enredo. Já a apresentação do tema pressupõe a leitura de uma *gloriosa* página, qualificação que a narrativa estende aos portugueses ao entender que a criação de um *mundo novo... glorificava um grande povo.* Cabral, *o nobre de Belmonte,* tornou-se *imortal* por força de um feito *colossal; orgulho de duas nações,* nobre, aventureiro e navegante, foi exaltado como herói de uma *epopéia deslumbrante.*

À primeira vista, *Treze Naus* retoma uma narrativa marcada por acentuada adjetivação, o que, em si, não constitui um equívoco, quando muito caracteriza uma manifestação de preciosismo. No entanto, a letra de Ari do Cavaco possui algumas nuances que, guardadas as devidas proporções, se ajustam ao espírito de exaltação das viagens e conquistas portuguesas iniciadas no século XV, e que tiveram em Luís de Camões o seu principal poeta. Quando o autor dos *Lusíadas* canta *"... Por mares nunca de antes navegados, /Passaram ainda além da Taprobana, /Em perigos e guerras esforçados /Mais do que prometia a força humana, /E entre gente remota edificaram /Novo Reino, que tanto sublimaram..* [4] coloca em um plano elevado a ação heróica dos navegadores portugueses que foram além dos limites humanos – *"mais do que prometia a força humana"* – e, mais ainda, ultrapassaram o mundo conhecido *" por mares nunca de antes navegados"* alcançando o desconhecido habitado por *"gente remota".*

Um pouco daquilo que Camões cantou com "engenho e arte" sugeriu um tanto dos versos de Gibi, Sereno e Guga: a exaltação épica da viagem de Cabral, entendida como o paradigma das navegações e descobertas portuguesas. Assim, a Imperatriz Leopoldinense cantou, no Carnaval de 1976, o samba-enredo "Por mares nunca dantes navegados", título claramente camoniano:

"Eu vi mundos nunca vistos nem sonhados

Andei por mares nunca dantes navegados

A história traz

Feitos singulares

---

[4] CAMÕES, Luís de – *Os Lusíadas*. Rio de Janeiro: Companhia José Aguilar Editora, 1973, Canto Primeiro, v.1, p.49.

De heroísmo e da fé

De outros mares

E outras terras

Iluminaram poemas

E a nossa história encerra

Ao sabor das ondas vêm as naus

A branca espuma cortando

E chego afinal

À ilha verde sem fim

Onde um belo dia

A saudade se fez bonança

Ao chegar na Terra da Esperança

Fundaram cidades

Cruzaram raças

Tornaram sonhos em realidades

Tantos heróis

Tanta grandeza

A nossa História Oh, que beleza!

Nasceste grande, oh, meu país

És soberano de um povo feliz."

A bela composição poética dos três autores leopoldinenses foi construída com dois tempos narrativos: o do narrador, propriamente dito, aquele que viu *"mundos nunca vistos nem sonhados",* e aquele em que a obra plural – *"do heroísmo e da fé"* – é louvada como a do principal agente do que é cantado. No conjunto da composição, a trajetória do narrador inicia e finaliza a estória que, sem dúvida, possui um tom épico. Tratava-se, pois, do ingresso em um mundo fantástico que, por sua vez, remete à mentalidade própria da Europa pré-expansão marítima ibérica, em cujo seio se abrigavam o desejo, a curiosidade e a necessidade de buscar outros mundos plenos de riquezas habitados por pagãos, uma das principais referências para descrever o não-europeu. As ondas conduziram ao seu *"sabor"* – metáfora para aventura – o narrador qual argonauta rumo ao desconhecido, alcançado com a chegada à *"Terra da Esperança".* A partir daí, segundo os autores, a aventura dos navegantes, plena de heroísmo e de fé, foi capaz de *"iluminar poemas"*, numa alusão implícita aos *Lusíadas*, passando a fundar cidades e a *"cruzar"* raças. Com isso, os sonhos se tornaram realidades por obra de heróis e crentes: *"Tantos heróis"*, *"Tantas grandezas"* . Aí, então, o narrador retorna exaltando a obra do heroísmo e da fé – o Brasil – bem ao estilo dos anos setenta.

Novamente o título "Descobrimento do Brasil" batizou o samba-enredo de uma grande escola carioca. No Carnaval de 1979, a Mocidade Independente desfilou cantando uma composição de Toco e Djalma Crill, segundo um enredo de Arlindo Rodrigues, conquistando o campeonato daquele ano:

"A musa do poeta e a lira do compositor
Estão aqui de novo convocando o povo
Para entoar um poema de amor
Brasil, Brasil, avante meu Brasil
Vem participar do festival
Que a Mocidade Independente
Apresenta nesse carnaval...
De peito aberto
É que eu falo ao mundo inteiro
Eu me orgulho de ser brasileiro
Saiu de Portugal com destino às Índias
Cabral, comandante das caravelas
Ia fazer a transação
Com o cravo e a canela
E de repente o mar transformou-se em calmaria
Mas Deus Netuno apareceu
Dando um toque de magia
E uma nova terra Cabral descobria
Vera Cruz, Santa Cruz
Aquele navegante descobriu
E depois se transformou
Nesse gigante que hoje se chama Brasil."

Nesta composição o que menos importa é o tema que lhe dá o título. Em verdade, a intenção dos autores é exaltar o <u>Brasil pra frente</u>, bem ao estilo da propaganda teimosa da ditadura militar que, no final dos anos setenta, ainda possuía admiradores compulsórios ou não: *"Brasil, Brasil, avante meu Brasil"*, *"De peito aberto, é que eu falo ao mundo inteiro, eu me orgulho de ser brasileiro."*

Em si, as manifestações patrióticas nada têm de mau. No entanto, o patriotismo, entendido como expressão rasa do nacionalismo, merece ser analisado em consonância com o momento histórico que permite ou exige sua manifestação. Se as noções de pátria e de patriotismo adormecem no inconsciente coletivo, esta condição possibilita que as manifestações individuais ou grupais se dêem, quase sempre, de forma mecânica. O samba-enredo da escola de samba de Padre Miguel procurou operar com a certeza de que a exaltação da pátria constituiria uma base segura para empolgar o público durante o desfile e, é óbvio, os componentes da própria agremiação.

Os versos dedicados à viagem de Cabral e ao Descobrimento se prestam ao papel de simples referencial de origem histórica do objeto principal da composição: o Brasil gigante, menos por sua extensão do que pela condição de potência que a ditadura alardeou.

Decorridos 21 anos, o tema do Descobrimento do Brasil voltou a inspirar o desfile de duas escolas de samba do Grupo Especial: a Unidos da Tijuca e a Imperatriz Leopoldinense.

Com "Terra dos Papagaios... Navegar foi preciso!!" a escola tijucana conquistou o quinto lugar no desfile de 2000:

"Brasil, Brasil, Brasil
Pra falar de ti em poesia
Folheando a história
No tenebroso mar da imaginação
Lembro que a viagem foi traçada
Calmaria fez mudar a direção
Hoje a Tijuca faz a festa
E mostra o valor dessa união
Caravelas ao mar, expedição

Obrigado Cabral, quanta emoção

Terra à vista

O despontar dessa nação

O índio, a fauna, a flora

Paraíso de encanto e sedução

Nesse encontro com os portugueses

Um momento tão divino

Cada qual se fez irmão

Rezando a missa

Todo mundo em comunhão

Brasil tu já não és mais um menino

E seguindo o meu destino

Seja lá por onde for

Vou te descobrindo a cada dia

Na grandeza do teu povo

E no teu solo promissor

É lindo ver tremular

Bem alto o seu pavilhão

E repartir esta alegria com a multidão

Paz, amor e esperança

Uma voz anunciou

É chegada a nova era

Abençoada pelo Criador."

A natureza patriótica desse samba-enredo salta aos olhos à primeira leitura. Os quatro autores deste samba-enredo – Henrique Badá, Jacy Inspiração, Edson de Oliveira e David do Pandeiro – foram direto ao assunto, optando por uma abordagem a meio caminho entre a descrição e a interpretação do tema. A pretensão maior da composição é a exaltação carnavalesca – onírica e festiva – do Brasil contemporâneo: paz, amor e esperança compõem o painel que os compositores criaram para ilustrar o momento vivido, segundo eles, pelo país. Da abordagem quase ingênua, marcada pelo agradecimento a Cabral, a trajetória da composição passa a ressaltar a harmonia que acompanhou o crescimento do

Brasil, um *"paraíso de encanto e sedução"*, iniciado com um *"encontro divino"*, quando irmãos em comunhão – nativos e portugueses – participaram da missa que, naturalmente, só foi rezada por e para os que aqui chegavam.

Em verdade, a composição foi construída por um narrador que se declara, pouco a pouco, apaixonado pelo país: *"Vou te redescobrindo a cada dia /Na grandeza do teu povo /E no teu solo promissor /É lindo ver tremular /Bem alto o seu pavilhão"*. Para esse narrador, o futuro apresenta-se promissor, é a *"nova era"* que vai chegar abençoada pelo Criador.

Alegria, pois! A festa que a Unidos da Tijuca fez e ofereceu à multidão é bem carnavalesca. É um convite à alegria em um momento franqueado à descontração e aos sonhos breves.

No mesmo 2000, a Imperatriz Leopoldinense conquistou o campeonato com "Quem descobriu o Brasil, foi seu Cabral, no dia 22 de abril, dois dias depois do Carnaval", título com uma clara alusão à antiga composição carnavalesca da autoria de Lamartine Babo, já mencionada. Com título extenso e cinco autores: Marquinhos Lessa, Amaurizão, Guga, Tuninho Professor e Chopinho, eis o samba-enredo vencedor daquele ano:

"Terra à vista

Um grito de conquista do descobridor

A ordem do rei é navegar

E monopolizar riquezas de além-mar

Partiram caravelas de Lisboa

Com desejo de comercializar as riquezas da Índia

E o ouro da África

Mas depois o rumo se modificou

Olhos no horizonte, um sinal surgiu

Em 22 de abril, quando ele avistou

Se encantou

Tão linda, tão bela!

Paraíso tropical

Foi seu Cabral quem descobriu o Brasil

Dois meses depois do carnaval

Terra... abençoada de encantos mil

De Vera Cruz, de Santa Cruz, Brasil

Iluminada é nossa terra é a nossa terra

O branco, o negro e o índio

No encontro, a origem da nação

E hoje minha escola é toda raça

Convida a 'massa' e conta a nossa história

São 500 anos vivos na memória

De luta, esperança, amor e paz

Eu quero é mais

Viver feliz

Sambando com a Imperatriz."

Descritiva de início, essa composição conduz progressivamente a narrativa para um momento interpretativo, culminando com a exaltação – empolgação – da performance da própria escola. Note-se, por exemplo, que os versos finais, a partir de "*E hoje minha escola é toda raça*", identificam o narrador, no caso a Imperatriz que "*convida a massa*", assumindo, outrossim, a função de condutora da narrativa, que se revela como representação da própria estória contada: "*...500 anos vivos na memória /De luta, esperança, amor e paz*". Por fim, a declaração carnavalesca convidando ao desfrute da alegria e da descontração: "*Eu quero é mais /Viver feliz /Sambando com a Imperatriz*".

Descobrir o Brasil, cantando suas belezas naturais, a grandeza e a riqueza do seu território, exaltando o seu povo e suas origens, demonstrando confiança no futuro ao descrever o presente, é um ato de amor ao país: uma declaração de amor num momento de festa. Descobrir com o sentido de revelar, trazendo à luz – leia-se ao público – uma síntese, quase sempre épica, da vida brasileira, constitui uma leitura histórica, quase sempre alegre, sem rebuscamentos, algumas vezes restritos à linguagem, que, ao contrário de muitas obras de natureza diversa, nascem para serem julgadas no calor da hora. Note-se, no entanto, que os sambas-enredo sobre o Descobrimento do Brasil devem ser contrapostos a outros que, ao contrário, foram elaborados com base numa perspectiva bastante crítica da conjuntura que os viu nascer . Foi o caso, por exemplo, de algumas composições apresentadas por ocasião de Carnavais que se seguiram ao fim da ditadura militar.

Se os sambas-enredo sobre o Descobrimento do Brasil foram compostos a partir de uma idéia básica que permitiu aos seus autores, bem como à grande parte da sociedade brasileira, considerá-la como o início da História brasileira, eles – os autores – criaram a partir de uma criação. Ou seja, como já foi acentuado por Marilena Chauí[5], tanto descobrimento quanto achamento são expressões de criação histórica, frutos, portanto, de uma postura naturalmente exaltatória dos feitos portugueses. Assim, a discussão em torno do acaso ou da intencionalidade da tomada de posse da Terra de Vera Cruz por Cabral, se não é desprezível, deslocou por muito tempo o foco da questão em prejuízo da prioridade:

"Afigura-se-nos que o problema é de prioridade, não de acaso ou intencionalidade. Esta proposição é, todavia e de modo igual, de valor muito relativo. Não basta descobrir um marco cronológico para resolver a questão. Como ensina Marc Bloch, achar a gênese não é explicar. A explicação que leva à compreensão reclama mais alguma coisa: a análise dos mecanismos, estruturas e móveis profundos."[6]

De mecanismos, estruturas e móveis profundos foi, sem dúvida, composta a expansão marítima portuguesa iniciada no século XV. Em verdade, as suas origens devem ser buscadas no mais profundo da sociedade portuguesa, em particular na chamada Revolução de Avis, deflagrada em 1383. Fruto da mobilização nacional contra os interesses dinásticos castelhanos, a reação guerreira ganhou maior amplitude com a articulação entre a nascente burguesia lusa e a Casa de Avis, conquistando a participação de grandes parcelas do povo miúdo do reino[7].

Com a vitória e a conseqüente ascensão da Casa de Avis, teve início uma extraordinária mudança na História de Portugal, como observou a respeito o

---

[5] Consultar a nota 1.

[6] DIAS, Manuel Nunes – *O Descobrimento do Brasil*. São Paulo: Livraria Pioneira Editora, 1967. p. 151.

[7] Evidentemente, quem combateu nas cidades e nos campos – o soldado raso, porque assim digamos, – foi o povo, levado pelas idéias e pelos sentimentos que lhe eram próprios: chamamos burguesa à revolução porque foi a burguesia que a inspirou de fato, que lhe deu rumo, que a dirigiu, que lucrou com ela:". SÉRGIO, Antônio – *Breve Interpretação da História de Portugal*. Lisboa: Clássicos Sá da Costa, 1972, p. 33.

historiador português João Lúcio de Azevedo[8]. Essa mudança, testemunhada pelos séculos XV e XVI, amparou-se numa aliança entre a Coroa, a burguesia e parte da nobreza. O além-mar logo se afigurou como o portal de um amplo universo desconhecido a ser devassado e conquistado em nome da fé cristã, o que atendia, no entanto, às necessidades financeiras da Coroa, aos reclamos de terras e rendas por parte de nobres, além do desejo insuspeito da burguesia em pôr as mãos em fontes e rotas mercantis extra-européias, garantindo os lucros proporcionados, de pronto, pelas especiarias orientais, pelo tráfico negreiro e pelos metais preciosos.

É de se lembrar que essa aventura, tal como se entendia então, não se fez sem trazer à tona antagonismos sociais próprios do Portugal quatrocentista. A genialidade de Luís de Camões soube apontá-los mais de um século e meio após o início da expansão marítima lusa por meio das palavras de um personagem dos Lusíadas, o *Velho do Restelo:*

" – Ó glória de mandar, ó vã cobiça

Desta vaidade a quem chamamos Fama!

Ó fraudulento gosto, que se atiça

Cuja aura popular, que honra se chama!

Que castigo tamanho e que justiça

Fazes no peito vão que muito te ama!

Que mortes, que perigo, que tormentas,

Que crueldades neles experimentas!" [9]

Para Camões, o *Velho* expressava o lamento do outro Portugal, aquele que via a expansão marítima como uma aventura em sua plenitude: uma empreitada perigosa com resultados incertos. Mesmo que se reconheça que os sucessos da conquista portuguesa foram capazes de solapar os fundamentos dessa crença renitente do Portugal nobre e agrário, ela persistiu por um longo tempo, até porque foi possível aos seus cultores usufruir de ganhos e honrarias

---

[8] "Com a revolução, que elevou ao trono o Mestre de Avis, entrou em desmoronamento a espécie do regime feudal, em que se organizara a nação. Tão extraordinária a mudança, que o historiador consagrado da época, faz principiar daí uma idade do mundo, a sétima, a seguir à que vinha do nascimento de Cristo". AZEVEDO, João Lúcio de – *Épocas de Portugal Econômico*. Lisboa: Livraria Clássica Editora, 1947, p. 57.

[9] CAMÕES, Luís de – op.cit. Canto IV, item 94. p.142.

proporcionados pela empresa que antes deploraram. O Brasil – a primitiva Terra de Vera Cruz – nasceu em meio a um processo determinado por interesses econômicos, sustentados por objetivos políticos e ideológicos, capazes de sublimar os antagonismos que alimentavam – como em todas as sociedades de classe – o movimento interno da sociedade portuguesa. Assim, a idéia de <u>descobrimento</u> poderia ser compreendida como uma criação ideológica em favor da valorização e da exaltação do <u>espírito aventureiro</u> que então proporcionava benefícios a Portugal, idéia essa que não passou despercebida a muitos autores de sambas-enredo.

Se o Descobrimento do Brasil é um tema que atraiu sobremodo a imaginação de compositores de sambas-enredo, deles a idéia de liberdade também tem merecido uma significativa atenção. De fato, não pode parecer estranho que a idéia de liberdade, qualquer que seja sua concepção, soe costumeiramente no Brasil. Em um país que conheceu a escravidão por mais de três séculos e meio dos seus cinco de existência, além de ter suportado mais de três centúrias de dominação estrangeira, o princípio da liberdade acabou entranhado historicamente nas diferentes mentalidades que têm influenciado momentos distintos da vida brasileira. Para o senso comum contemporâneo, por exemplo, não importa se a sociedade brasileira é ou não regida efetivamente por princípios liberais: liberdade e liberalismo, para muitos, pouco têm em comum.

Quando se toca na questão da liberdade, geralmente a conquista da independência política, o Sete de Setembro e a Abolição da Escravidão dificilmente deixam de vir à cena. Por meio de um ato simplificador, liberdade equivale à independência e ao fim da escravidão: país livre habitado por homens livres da escravidão. Paradigma norteador, a liberdade é um valor universal consagrado, difundido no Ocidente a partir da <u>Ilustração</u> e da Revolução Francesa e que acabou envolvendo e condicionando as narrativas históricas sobre a Independência do Brasil.

De tudo isso se pode depreender que a exaltação da liberdade, seja por meio da música ou da poesia, acaba constituindo um tema competente para se escrever uma síntese da História do Brasil que, ao contrário de outras tantas versões pretensiosas, costuma primar pelo casamento entre a seriedade do propósito e a alegria e a descontração da exposição. Esse é o caso de "História da Liberdade no Brasil", de autoria de Áureo Campagnac de Souza, o Aurinho da Ilha, samba-enredo da Acadêmicos do Salgueiro para o Carnaval de 1967:

"Quem por acaso folhear a História do Brasil
Verá um povo cheio de esperança
Desde criança
Lutando para ser livre e varonil
O nobre Amadeu Ribeiro
O homem que não quis ser rei
O Manoel, o Bequimão
Que no Maranhão
Fez aquilo tudo que ele fez
Nos Palmares
Zumbi, o grande herói
Chefia o povo para lutar
Só para um dia alcançar
Liberdade
Quem não se lembra
Do combate dos Emboabas
E da chacina dos Mascates
Do amor que identifica
O herói de Vila Rica
Na Bahia são os alfaiates
escrevem com destemor
Com sangue, suor e dor
A mensagem que encerra o destino
De um bom menino
Tiradentes, Tiradentes
Herói inconfidente, inconfidente
Domingos José Martins
Abraçam o mesmo ideal
E veio o 'Fico' triunfal
Contrariando toda a força em Portugal
Era a liberdade que surgia

Engatinhando a cada dia
Até que o nosso Imperador
A Independência proclamou
Ô-ô, oba, lá-rá-iá, lá-rá-iá
Oba, lá-rá-iá, lá-rá-iá!
Frei Caneca, mais um bravo que partiu
Em seguida veio o 7 de abril
No dia 13 de maio
Negro deixou de ter senhor
Graças à Princesa Isabel
Que aboliu com a Lei Áurea
O cativeiro tão cruel
Liberdade, Liberdade afinal
Deodoro acenou
Está chegando a hora
E assim que a aurora raiou
Proclamando a República
O povo aclamou."

De fato, seriedade no propósito, alegria e descontração na exposição do tema são características dessa composição salgueirense inspirada em enredo elaborado pelos carnavalescos Fernando Pamplona e Arlindo Rodrigues. Salta aos olhos a natureza didática do samba-enredo, por tão incisivo o seu primeiro verso: *"Quem por acaso folhear a História do Brasil"*. Para o autor, sendo a História do Brasil um livro aberto ao acaso, sua consulta revela a vida de um bom menino que luta *"desde criança"* para *"ser livre e varonil"*: a vida do Brasil foi desde as suas origens destinada à liberdade.

Inspirado na obra homônima de Viriato Correia, autor consagrado por suas obras patrióticas destinadas a um público infanto-juvenil, esse samba-enredo narrou apenas uma parte da vida brasileira, pois mal chega à Proclamação da República. No entanto, a circunstância de ser a liberdade o mote da composição, levou o zelo da ditadura militar a fazer dos seus versos uma leitura própria da sua natureza repressiva, como acentuou Haroldo Costa:

"Não era um título que fosse particularmente caro para as autoridades naquele momento, estávamos em 1967. Tanto assim que em diversas oportunidades Fernando foi discretamente interpelado, e note-se que o enredo abordava apenas o período do Brasil-Colônia até a Proclamação da República. Não havia dúvida de que a ênfase maior era dada às lutas populares, mas isto estava presente na própria obra do insuspeito autor. Várias vezes, a luz do ensaio foi misteriosamente cortada. O pessoal do DOPS (Departamento de Ordem Política e Social) tinha mesa cativa, não porque lhe fosse oferecida, mas porque os agentes não perdiam um ensaio, talvez aguardando que de uma hora para outra virasse um grande comício. Houve gente que apostava que, na última hora, a Censura ia proibir o enredo. Mas não aconteceu".[10]

Se não aconteceu aquilo que os sambistas temiam, de outro lado, a "História da Liberdade no Brasil" aconteceu na Avenida, dando ao Salgueiro o terceiro lugar naquele ano. Se a menção à palavra liberdade despertava a atenção dos agentes do DOPS, para o autor desse samba-enredo ela desempenhou o papel de guia na caminhada ao longo da História do Brasil, trilhando a seara aberta na luta pela liberdade. A circunstância de a leitura recomendada pelo autor ser baseada no acaso indica que, para ele, qualquer que fosse o momento escolhido, a luta pela liberdade estaria registrada. De fato, a aceitar-se essa premissa, a presença constante dos esbirros da ditadura militar na quadra de ensaios do Salgueiro estaria justificada dentro da lógica repressiva.

Com Amador Bueno de Ribeira, dito Amadeu Ribeiro, a luta do "Brasil menino" teve início. Protagonista de um dos episódios menos estudados da História do Brasil, Amador Bueno foi aclamado "rei" da capitania de São Vicente, em 1641, quando um movimento liderado por famílias espanholas tentou manter o domínio espanhol restrito àquela área, mesmo após a Restauração portuguesa conquistada em 1640. Bueno reagiu e não aceitou a oferta, passando a ser visto como o "homem que não quis ser rei".

Já o português Manuel Beckman – o Bequimão – foi um dos principais líderes de um sério movimento rebelde contra o domínio metropolitano ocorrido no Maranhão, em 1684. Esse movimento reagiu às imposições mercantilistas e à proibição da escravização da mão-de-obra indígena decretadas por Lisboa, que, no seu conjunto, trouxeram enormes prejuízos aos colonos de uma das áreas mais importantes do Estado do Maranhão e do Grão-Pará. À frente do movimento, mais tarde denominado <u>Revolta de Beckman</u>, um grupo de colonos

---

[10] COSTA, Haroldo – op.cit. p.168.

expulsou os jesuítas, beneficiários da mão-de-obra nativa, depôs o governador e suspendeu as atividades da monopolista Companhia de Comércio do Estado do Maranhão. A reação metropolitana foi dura. Dominada a revolta, Manuel Beckman, entre outros, foi enforcado, sendo impostas penas variadas aos demais implicados judicialmente.

Fiel à trajetória do <u>Brasil menino</u>, o autor não passou ao largo da epopéia palmarina, ainda mais pelo fato de a sua leitura, mesmo ao acaso, ter destacado dois episódios do mesmo século XVII: o século de Palmares. Mais uma vez, Zumbi foi homenageado por um samba-enredo, circunstância que expressa, sem dúvida, a admiração e o respeito que a sua figura merece no panteão afro-brasileiro.

Já a lembrança dos emboabas e dos mascates remete a dois conflitos que, a exemplo da Revolta de Beckman, foram, durante algum tempo, denominados <u>Movimentos Nativistas</u>, considerados, grosso modo, como expressões políticas do despertar de um sentimento nacional, além de precursores da independência do Brasil. Em se tratando de narrativas que obedecem a um pressuposto evolucionista, como este do samba-enredo, as duas guerras – Emboabas e Mascates – têm o seu lugar. No entanto, ambas resultaram de antagonismos crescentes envolvendo elementos das mais diferentes condições sociais e origens que, no seu conjunto, pouco tiveram a ver com o desejo colonial de separação da metrópole portuguesa.

A <u>Guerra dos Emboabas</u> (1707-1709), por exemplo, decorreu da violenta disputa pelo controle de áreas mineradoras entre pioneiros e forasteiros – os chamados emboabas – no atual estado de Minas Gerais. Como havia portugueses entre os forasteiros atraídos pelas notícias da descoberta de ricas jazidas na região, o movimento acabou sendo considerado nativista.

No tocante à qualificação, o mesmo pode ser dito com relação à <u>Guerra dos Mascates</u> (1710-1711), embora este movimento tenha sido caracterizado, entre outros aspectos, pelo surgimento de uma proposta separatista que, se bem-sucedida, contemplaria a capitania de Pernambuco. Mascate era a denominação pejorativa dada pela aristocracia de terras aos comerciantes portugueses do Recife. Estes, bastante enriquecidos, acentuaram sua posição vantajosa diante dos proprietários de terras e de escravos desde o fim da dominação holandesa. Tornara-se, então, bastante crítica a posição dos latifundiários açucareiros, desde que dependiam cada vez mais dos créditos e das condições de troca oferecidos pela burguesia portuguesa do Recife.

No entanto, essa relação econômica não condizia com a similar política: Recife ainda ocupava uma posição subalterna a Olinda, sede do governo controlado pela aristocracia. Quando Recife foi elevado à categoria de vila, a reação aristocrática, além de violenta, propôs a formação de uma república independente de Portugal. Violento foi o conflito até a sua cessação, em 1711, após a intervenção da Coroa, tendo Olinda, mais tarde ,confirmada sua elevação à categoria de vila.

Se a luta pela liberdade do Brasil nada teve a ver com emboabas e mascates, o mesmo não pode ser dito com relação ao amor e ao destemor com que Tiradentes, em Minas Gerais, e João de Deus do Nascimento, Manoel Faustino dos Santos Lira, Luis Gonzaga das Virgens, Lucas Dantas do Amorim, entre outros, na Bahia, deram a vida pelo supremo direito de pensar e viver livremente. À parte a homenagem perene que Joaquim José da Silva Xavier merece, os negros e mulatos baianos, alfaiates, soldados, artesãos e lavradores foram além do alferes nos seus projetos, dado que defenderam a liberdade dos escravos na Bahia no final dos anos setecentos.

Estava no caminho certo o autor quando associou Domingos José Martins à luta pela liberdade no Brasil. Martins foi um dos envolvidos na <u>Revolução Pernambucana</u> de 1817, movimento anti-português e anti-monárquico que, gerado por antagonismos sociais e econômicos, proclamou a república. Embora esse movimento buscasse apoio em outras capitanias e no exterior, acabou sendo esmagado pelo governo central. Seus principais líderes, entre os quais Domingos José Martins, foram fuzilados. Portanto, Martins, os conjurados baianos e Tiradentes, sem dúvida, *"abraçam o mesmo ideal"*.

Logo, a <u>leitura</u> da História do Brasil chegou ao seu ponto alto: *"E veio o 'Fico' triunfal /Contrariando toda a força em Portugal. /Era a liberdade que surgia, /engatinhando a cada dia, /Até que o nosso Imperador /A Independência proclamou."* Pouco se pode contestar nessa afirmação poética: é praticamente com esse sentido que a maior parte dos livros didáticos enfoca o processo que levou ao Sete de Setembro. O autor nada mais fez do que inserir essa idéia nos seus versos.

Após a Independência, a "leitura" tornou-se mais acelerada. O sacrifício do frei Joaquim do Amor Divino Caneca demonstrou que a luta pela liberdade não cessou no Brasil. D. Pedro passou de líder da Independência para a condição de opressor autoritário, provocando, entre outras razões, a <u>Confederação do Equador</u>, iniciada em 1824, em Pernambuco. Mais uma vez, um movimento rebelde contra o governo central – a monarquia – foi esmagado com extrema violência, da qual a execução de Frei Caneca foi um dos exemplos. Interessante que a Abdicação de D.Pedro I – o Sete de Abril – mereceu pouco destaque, sugerindo tanto a <u>aceleração da leitura</u> quanto ao papel atribuído pela historiografia oficial ao evento.

Daí em diante, o autor foi direto à <u>Abolição da Escravidão</u> dando mostra de um servilismo à narrativa vulgar sobre tão significativo tema, embora não deixasse de ressaltar a *"natureza cruel"* da opressão que então terminava legalmente. Tratamento bem próximo foi dado à <u>Proclamação da República</u> que, segundo, o samba-enredo, *"o povo aclamou"*.

Se esse samba-enredo despertou a atenção da censura ditatorial, o mesmo pode ser dito com relação ao sucedido, em 1969, com a composição "Heróis da Liberdade", de autoria de Mano Décio de Oliveira, Silas de Oliveira e Manoel Ferreira, elaborada para o Carnaval do Império Serrano naquele ano. De novo, o emprego do tema <u>liberdade</u> em um desfile carnavalesco não soou bem aos ouvidos de policiais do DOPS: os autores do samba-enredo tiveram que dar explicações a respeito dele a quem, provavelmente, não entendia de samba.[11]

Passados trinta e quatro anos desde o Carnaval em que a verde-e-branca da Serrinha desfilou com "Heróis da Liberdade", esta composição demonstrou que o seu lugar permanece na memória do samba. Em março de 2003, em uma *enquete* promovida pelo jornal *O Globo*, em que foram ouvidas cerca de 70 pessoas, o samba de Mano Décio, Silas de Oliveira e Manoel Ferreira foi escolhido como o melhor samba-enredo de todos os tempos.[12]

"Ô ô ô ô
Liberdade Senhor
Passava noite, vinha o dia

---

[11] "A Delegacia de Ordem Política e Social julgou o samba um tanto subversivo. Chamou os autores para que explicassem suas ´intenções`. Mano Décio diz que levaram uma chamada do general França.

A este oficial superior, Silas de Oliveira Assumpção, o tímido ex-soldado n. 250 do 7º GADo, respondeu:

– Eu não tenho culpa de retratar a História, não fui eu que a escrevi. Como eu fiz, o senhor poderia ter feito". In SILVA, Marília T.Barboza da e OLIVEIRA Filho, Arthur L.de . Silas de Oliveira. *Do jongo ao samba-enredo*. Rio de Janeiro: MEC /FUNARTE, 1981, p. 100.

[12] "O melhor samba-enredo de todos os tempos é..." in *O Globo*. 2º Caderno. 02 de março de 2003. p.1-2.

O sangue do negro corria
Dia a dia
De lamento em lamento
De agonia em agonia
Ele pedia
O fim da tirania
Lá em Vila Rica
Junto ao Largo da Bica
Local da opressão
A fiel Maçonaria
Com sabedoria
Deu sua decisão
Com flores e alegria veio a Abolição
A independência laureando seu brasão
Ao longe, soldados e tambores
Alunos e professores
Acompanhados de clarim
Cantavam assim:
Já raiou a liberdade
A liberdade já raiou
Essa brisa que a juventude afaga
Esta chama que o ódio não apaga
Pelo universo é a evolução
Em sua legítima razão
Samba, oh samba
Tem a sua primazia
Em gozar de felicidade
Samba, meu samba
Presta esta homenagem
Aos heróis da liberdade."

Desde quando se luta pela liberdade no Brasil? Quem tem lutado por ela ao longo da História do país? O título do samba-enredo responde a essas perguntas sem necessidade de enumerar um nome sequer: heróis são todos aqueles que não aceitam qualquer forma de opressão, rejeitando-a e levantando-se em favor da liberdade. Silas de Oliveira, Mano Décio da Viola e Manoel Ferreira dão, com extrema simplicidade e sem prejuízo da poesia, uma lição aos que julgam que só se deve entender a luta pela liberdade por meio da exaltação de personagens modelares: os heróis.

"Passava noite, vinha dia /O sangue do negro corria /Dia a dia: em três versos curtos todo o sofrimento secular imposto aos escravos está exposto. A imagem do sangue que corria metaforiza o universo violento criado pela exploração branca no Brasil. São os castigos cruéis, as dores cotidianas do trabalho brutal e deformador, os estupros e as mães e filhos separados, as mutilações e as mortes. Quanto sangue negro foi derramado ao longo da escravidão no país? Os breves versos da composição imperiana prescindem do apelo aos números, pois as proporções gigantescas atingidas pela exploração e pela violência escravocratas em uma sociedade onde o negro escravo valia pelo que produzia e pelo valor do mercado colocavam em plano inferior as contas do deve-haver cobradas pela morte."

"De lamento em lamento /De agonia em agonia /Ele pedia /O fim da tirania". Sofrimento e desejo de liberdade: eis, em poucas palavras, o significado desses versos dos "Heróis da liberdade". Nada tão singelo e, ao mesmo tempo, profundo para expressar a dualidade que a escravidão impunha à vida dos negros escravos.

Da mesma forma que a composição "História da liberdade no Brasil", o samba-enredo do Império Serrano segue uma trajetória histórica em que a luta pela liberdade no Brasil é o fio condutor da narrativa, distinguindo-se daquela pela circunstância de insinuar, e não citar, os acontecimentos que pontuam a *"evolução em sua legítima razão"*. A menção à Vila Rica, por exemplo, é o bastante para que se saiba que os autores estão se referindo à <u>Conjuração Mineira</u>.

A Abolição com "flores e alegria" retrata à perfeição a fidelidade ao livro de História consultado pelos autores do enredo do Império Serrano para o ano de 1969[13]. Embora estejam distantes na letra da composição, a escravidão e o

---

[13] Consultar a respeito: VALENÇA, Rachel Teixeira e VALENÇA. Suetônio Soares. Rio de Janeiro: <u>José Olympio Editora</u>, 1981, p. 94.

seu fim acabam compondo um quadro que retrata a luta pela liberdade humana no Brasil, naquilo que ela possui de mais significativo: a liberdade do negro. Ao mesmo tempo, a relação entre a opressão e a independência é apresentada de maneira semelhante: distanciadas por alguns versos, mas próximas pela contradição que exemplificam. Se a escravidão cedeu à Abolição, a opressão foi vencida pela conquista da liberdade, que, bem a propósito, é cantada por "alunos e professores" em versos do Hino da Independência.

Por fim, ao estilo bem <u>iluminista,</u> alinhando *"universo", "evolução", "razão"* e *"felicidade"*, os autores exaltam esses princípios como suportes da liberdade, entendendo-a como "chama que o ódio não apaga".

Liberdade do escravo, liberdade de um povo – esta identificada com o Sete de Setembro – são símbolos caros à memória popular no Brasil, independentemente de quaisquer críticas mais elaboradas que possam ser feitas. Dentro das perspectivas que orientam essa mesma memória, o sentimento patriótico desfruta de um lugar singular, entendido, no mais das vezes, como amor ao solo pátrio, ao próprio povo, ao seu passado e às suas tradições. Nesse particular, um dos acontecimentos históricos mais lembrados, além de festejado pelo seu desfecho, foi a expulsão dos holandeses do Nordeste, no século XVII.

Não é de estranhar, portanto, que esse episódio histórico tenha servido de tema para sambas-enredo de grandes escolas, merecendo por parte dos seus compositores tratamentos diversos, mas que acabam coincidindo no tocante ao viés patriótico.

Em 1968, Silas de Oliveira compôs para o seu Império Serrano o samba-enredo "Pernambuco, Leão do Norte":

"Esta admirável página

Que o passado deixou

Enaltece a nossa raça

Disse um famoso escritor

Que Maurício de Nassau

Na verdade foi um invasor muito genial

Glória a Vidal de Negreiros

E aos seus companheiros

Que na luta contra os holandeses

Em defesa do Leão do Norte
Arriscaram suas vidas
Preferiram a morte
Na trégua dos Guararapes
Teatro triste da insurreição
Houve estiagem, coragem, abnegação
Pernambuco hoje é o orgulho da Federação
Evocando os Palmares
A terra do bamboriki
Ainda ouço pelos ares
O retumbante grito do Zumbi."

A composição do grande sambista se ajusta ao modelo patriótico, em particular pela ênfase dada à exaltação do feito dos defensores do solo nordestino, não fora o seu título realçado pela condição de *"leão"* – forte e valente – concedida a Pernambuco. A *"admirável página"* que *"enaltece a nossa raça"* não foi escrita contra um inimigo qualquer, pois ele era chefiado por um *"invasor genial"*: Nassau, símbolo da breve dominação estrangeira. Vidas arriscadas diante da morte com coragem e abnegação, capazes de enfrentar até a própria natureza – a "estiagem" –, garantiram a vitória, dando a Pernambuco a condição de Leão do Norte. Ao final, Silas não esqueceu de Palmares, que cresceu durante a dominação holandesa, evocando a figura de Zumbi.

Um fato interessante a respeito dessa composição diz respeito à polêmica que cercou o processo de escolha do samba-enredo do Império Serrano naquele ano. Silas de Oliveira concorreu com Mano Décio, que, em parceria com Jorge Pessanha, defendeu outro samba-enredo, circunstância singular que não afetou a amizade nem a parceria entre os dois compositores imperianos.[14]

Se Silas de Oliveira cantou a liberdade, em 1968, exaltando Pernambuco como exemplo de luta ao longo da sua História, Martinho da Vila idealizou na batalha de Guararapes o paradigma histórico da resistência brasileira às agressões estrangeiras. De novo, o domínio holandês sobre o Nordeste brasileiro serviu de inspiração para que uma composição expressasse a

---

[14] Consultar a respeito: VALENÇA, Raquel Teixeira e VALENÇA, Suetônio Soares – op.cit. p. 84-87 e SILVA, Marília T.Barboza da & OLIVEIRA Filho, Arthur – op. cit. p. 98.

associação, tão cara e presente no universo do samba-enredo, entre luta contra o estrangeiro e liberdade.

"Aprendeu-se a liberdade
Combatendo em Guararapes
Entre flechas e tacapes
Facas, fuzis e canhões
Brasileiros irmanados
Sem senhores, sem senzala
E a Senhora dos Prazeres
Transformando pedra em bala
Bom Nassau já foi embora
Fez-se a revolução
E a Festa da Pitomba é a reconstituição
Jangadas ao mar
Pra buscar lagosta
Em Jaboatão
Vamos preparar
Lindos mamulengos
Pra comemorar a libertação
E lá vem maracatu, bumba-meu-boi, vaquejada
Cantorias e fandangos
Maculelê, marujada
Cirandeiro, cirandeiro
Sua hora é chegada
Vem cantar esta ciranda
Pois a roda está formada
Cirandeiro
Cirandeiro, ó
A pedra do seu anel
Brilha mais do que o sol."

A idéia de liberdade como aprendizado contém um sentido bem característico das narrativas históricas tradicionais, a que os autores de sambas-enredo geralmente recorrem: com Martinho da Vila não foi diferente. Esse sentido acaba desempenhando, na prática, o papel da velha concepção atribuída ao romano Cícero de que a História é a mestra da vida. Assim, o apelo ao passado acaba tendo o sabor de verdadeiro alimentador do presente. Nele, estão localizados os ensinamentos que deveriam nortear o presente, apontando entre acertos e erros o que muitos pressupõem como a caminhada da História, confundindo, em verdade, o processo das transformações materiais com o suceder das vicissitudes próprias das diferentes sociedades humanas.

A vitória em Guararapes mereceu nessa versão poética a roupagem de luta brasileira contra a presença estrangeira: os holandeses da Companhia das Índias Ocidentais, que, por ironia, não formavam uma força militar e mercantil só de filhos dos Países Baixos. Flechas, tacapes, facas, fuzis e canhões compõem a face bélica da ação conjunta de "brasileiros irmanados", que, note-se, pelejaram *"sem senhores, sem senzala"*, justamente em um momento histórico em que Palmares demonstrava a força da luta pela liberdade negra na mesma região daquele confronto.

De outro lado, a ação da *"Senhora dos Prazeres"* – Nossa Senhora dos Prazeres – remete a um traço da mentalidade predominante no imaginário colonial brasileiro, em que a intervenção de santos e de Nossa Senhora em favor dos colonizadores católicos não era estranha, não fossem os invasores protestantes.[15].

Feita a *"revolução"*, no caso a expulsão dos representantes da Companhia das Índias Ocidentais, a comemoração do aprendizado da liberdade entra na composição como um elo entre o passado e o presente, lançando mão de elementos folclóricos como agentes de memória. Mamulengos, maracatu, bumba-meu-boi, vaquejada, cantorias, fandangos, maculelê, marujada e ciranda ganharam a dimensão de símbolos duradouros de uma festa considerada como duradoura pelo samba-enredo.

Festa também não está ausente em outra comemoração da vitória em Guararapes. No entanto, desta vez os celebrantes não saíram de Vila Isabel, mas da Serrinha, do Império Serrano. Com os "Canhões de Guararapes",

---

[15] Consultar a respeito: HOORNAERT, Eduardo – *Formação do catolicismo brasileiro. 1550-1800*. Petrópolis: Editora Vozes, 1974.

a verde e branca venceu o desfile de 2000, retornando assim para o Grupo Especial.

"Minha terra tem palmeiras
Onde o sabiá sempre cantou
E o caraíba
Vindo de terra distante
Tupinambás lá encontrou
A cana-de-açúcar enriqueceu a região
Da nossa maior capitania
E foi entregue a Cosme e Damião
A proteção do novo estado que surgia
Linda, Olinda
Recanto de beleza natural
Na dominação dos holandeses
Pernambuco é transformado
Em grande centro cultural
Rei Congo, é Rei Congo
Deslumbra a corte de Maurício de Nassau
Guararapes, palco da insurreição
Uniu as raças em defesa da nação
Vitalino molda em barro sua gente
Hoje tem frevo, repente
E cordel na Avenida
E se o maracatu é da Coroa Imperial
Sou Pernambuco neste carnaval
Êh Nordeste
Cabra da peste com orgulho eu sou
E a nação imperiana
Vem cantar em seu louvor."

Martinho da Vila buscou no folclore inspiração para ilustrar a comemoração da expulsão dos invasores, da mesma forma os compositores do Império Serrano

– Paulinho Manahu, Marcos Cabeça Branca e Zé Ferreira – dele também lançaram mão para festejar o mesmo acontecimento histórico. Frevo, repente, cordel e maracatu comparecem sustentando a comemoração, exaltando o que entendem como a essência da perenidade cultural de uma região: a cultura do seu povo. Não deve ser por outra razão que, ao lado das manifestações folclóricas, esses compositores lembraram do artesanato popular de Mestre Vitalino, prática cultural historicamente datada.

Ao iniciar o samba-enredo com uma paródia dos dois primeiros versos da *Canção do Exílio* de Gonçalves Dias, os autores imprimiram um tom festivo à narrativa, em que a concórdia entre opostos se fez presente. O branco – caraíba – encontrou tupinambás; a dominação holandesa transformou Pernambuco num *"grande centro cultural"*, quando a visita do Rei Congo deslumbrou a *"corte"* de Maurício de Nassau. Longe de caracterizar um equívoco histórico – privilégio de historiadores –, a criatividade dos autores procurou exaltar o que havia de singular na História de Pernambuco: a proteção dos santos Cosme e Damião, a beleza e a riqueza da região, por exemplo. A guerra, simbolizada por uma única palavra – Guararapes –, é mostrada como um hiato que, por sinal, proporcionou a união de brancos, negros e indígenas em defesa da <u>nação</u>, uma ficção histórica que não foi criada por Paulinho, Marcos e Zé Ferreira.

Assim, para os autores, os canhões de Guararapes sugerem um recurso metafórico para exaltar, como na composição de Martinho da Vila, a perenidade festiva da vida pernambucana. As referências ao conflito são mínimas, pois só existem no título do samba-enredo e em dois versos; elas acabam caracterizando uma perspectiva histórica de natureza intuitiva: as guerras são episódios muitas vezes inevitáveis, mas que não são capazes de impedir a continuidade da vida que segue sempre. No tema cantado pelo Império Serrano, o que segue é a festa que, diga-se de passagem, se ajusta adequadamente ao momento da sua apresentação pública: o Carnaval.

A circunstância de três sambas-enredo terem cantado a luta contra a ocupação de larga extensão do território nordestino por uma instituição estrangeira não deve ser atribuída ao acaso, e muito menos a um capricho dos seus compositores. Nesse particular, chama a atenção o fato de o Império Serrano ter escolhido o mesmo tema num espaço de trinta e dois anos, período que abarca tanto um momento em que os sambas patrióticos tinham bastante prestígio como outro em que a diversidade temática era bem mais ampla. Mesmo que se considere o samba de Silas de Oliveira <u>mais político</u> do que os outros dois, dada a sua linguagem, a imagem que ficou registrada da luta contra aqueles invasores foi inspirada no esforço conjunto de *"brasileiros"*. Como já foi notado, a luta *"enaltece a nossa raça"*, formada por *"brasileiros irmanados"*, unindo as *"raças em defesa da nação"*: assim os sambas-enredo interpretaram publicamente um aspecto de um episódio da História brasileira.

Se a ação agressiva da Companhia das Índias Ocidentais, simplesmente <u>os holandeses</u> para muitos, fazia parte de um complexo jogo político-econômico que envolvia poderosos interesses desde a passagem do século XVI para o XVII, é, sem ironia, uma outra História. O mesmo pode ser afirmado quanto ao fato de a sua dominação sobre rica área açucareira brasileira ter sido acatada por breve tempo por grandes proprietários e comerciantes coloniais, sendo rompida de forma violenta, provocando a Insurreição Pernambucana. Com relação a essa forma de abordagem poética, pode ser lembrado que o simples fato de a luta contra estrangeiros ter sido tema de mais de um samba-enredo, da mesma forma como o Descobrimento do Brasil o foi, demonstra que certos fatos históricos possuem um apelo significativo no âmbito do senso comum. Pela idéia de defesa da terra e pela noção de nascimento do país, esses dois episódios ganharam a dimensão de paradigmas da História brasileira, compreendida, grosso modo, como uma trajetória eivada de dificuldades e conquistas, mas sempre conduzida sob inspiração do progresso. Dessa forma, pode-se afirmar que as origens do Brasil, a luta pela liberdade do seu povo e a defesa da território compuseram o elenco principal dos temas celebrados pelos sambas-enredos ao abordarem a História do Brasil durante a etapa colonial.

Nesse elenco, embora desfrutando de espaço reduzido, as lutas indígenas pela liberdade e pela terra também foram lembradas em sambas-enredos. Em 1977, por exemplo, a Unidos do Cabuçu desfilou na Presidente Vargas com a composição "Os Sete Povos das Missões", da autoria de Waldir Prateado:

"Vamos cantar
Os jesuítas e os índios do Brasil
Que com heroísmo fundaram
Os Sete Povos das Missões
Em terras férteis
Não tardaram a florescer
Grandes cidades, riqueza e cultura
Onde irmanados

Trabalhavam pra vencer

Cobiçados pelos bandeirantes

Desbravadores de terras

Chegaram à Tupã-Avaé

E pelo Natal

Atacaram as Missões

Indígenas e jesuítas

Deram combate aos cruéis bandeirantes

Sangue dos dois lados

Corria a todo instante

De pouco a pouco

As Missões começaram a cair

Estava desfeito um sonho

De uma nação guarani

Lá no céu

Continua brilhando

O valente cacique Sepé Tiaraju

Que fulgor tem as estrelas

Da Constelação do Cruzeiro do Sul

O "Boi Barroso"

Ninguém consegue laçar

Tata Manha, Mãe do Ouro/

E a guarda fiel/

De Tumbaé Avá."

À exceção da historiografia especializada, a existência gloriosa e, ao mesmo tempo, trágica, dos Sete Povos das Missões[16] tem merecido um destaque quase tímido nas narrativas da História do Brasil. Esse empreendimento jesuítico

---

[16] Os Sete Povos das Missões estavam situados no noroeste do atual Rio Grande do Sul; eram formados pelas "reduções": Santo Ângelo, São Borja, São João Batista, São Luís, São Lourenço, São Miguel e São Nicolau.

fazia parte de um grandioso projeto[17] criado no século XVII, que chegou a despertar a atenção de pensadores renomados, como, por exemplo, Leibniz, Herder, D'Alembert, Montesquieu e Voltaire. Este, por sinal, considerou-o um "triunfo da Humanidade". Uma das prováveis razões de tamanha admiração foi a natureza comunitária do projeto que, aliado aos objetivos catequéticos próprios da Contra-Reforma, organizou produtivamente populações indígenas em um vasto território colonial. Característica, aliás, sintetizada pelo autor do samba-enredo, quando destaca que: *Em terras férteis /Não tardaram a florescer /Grandes cidades, riqueza e cultura /Onde irmanados /Trabalhavam para vencer"*.

A composição da Unidos do Cabuçu consegue reunir outros aspectos insólitos, além da escolha do tema em si, pois, ao destacar o trabalho comum de religiosos e indígenas, não hesitou em qualificar os bandeirantes como cruéis, costumeiramente exaltados como heróis desbravadores do sertão brasileiro, condição reconhecida pelo autor, ao mesmo tempo em que acentuava a cobiça escravista que os animava. Já a trajetória gloriosa-trágica do projeto missioneiro teve os seus dois momentos principais cantados na composição. A glória se deu quando indígenas e jesuítas conseguiram liquidar as agressões bandeirantes, liquidando-as definitivamente na batalha de Mbororé ou Mobororé, em 1641. Já a tragédia decorreu de decisões estabelecidas pelo Tratado de Madri, assinado entre as coroas portuguesa e espanhola no ano de 1750. No tocante à região sul, Portugal concordou em entregar à Espanha a Colônia do Sacramento, ao passo em que recebia o território dos Sete Povos das Missões. Esse acordo implicava a expulsão dos indígenas e dos jesuítas dessa região, obrigando-os a buscar outro pouso.

Alegando que "... antes queriam morrer em seus Povos do que ir-se a estes desertos e perder-se como animais, de fome e misérias, que eles eram cristãos e que esperavam em Deus e em seu Rei que lhes fizessem justiça"[18], "os indígenas missioneiros rejeitaram as imposições do Tratado de Madri, sendo massacrados por forças militares luso-espanholas, em 1756. Nesses combates,

---

[17] "As missões situadas no território gaúcho, no entanto, fizeram parte de um sistema econômico-social que abrangeu extensas regiões hoje integradas na Argentina, no Brasil e no Paraguai. Convencionou-se chamá-lo República Guarani, mas, na verdade, não existiu um Estado Missioneiro no sentido moderno da palavra. Durante muito tempo essas comunidades se denominavam '*reduções*', do fato de que nelas os indígenas eram 'reduzidos' à fé e à civilização. Generalizaram-se depois o termo '*missões*' e o gentílico '*missioneiros*". FREITAS, Décio – *O socialismo missioneiro*. Porto Alegre: Editora Movimento, 1982, p. 17.

[18] FREITAS, Décio – op.cit. p. 71.

denominados "Guerras Guaraníticas" (1756-1757), avultou a liderança de Sepé Tiaraju, índio tape, corregedor[19] por função, cuja morte heróica acabou por criar a lenda da sua santidade, tornando-se o São Sepé."

Com a derrota indígena e a destruição dos Sete Povos, começava a agonia de um sonho comunitário na América colonial, como acentuaram dois dos versos do samba-enredo: *"Estava desfeito o sonho /De uma nação guarani"*. Foi mais um sonho esmagado pela violência colonizadora: uma esperança sepultada pelas muitas mortes, mas que para este samba-enredo sobrevive no brilho distante da estrela Sepé Tiaraju. A Unidos do Cabuçu, ao cantar este tema, trouxe à lembrança, por um breve momento, um movimento social que desejava concretizar a união dos propósitos de um cristianismo frugal, com mentes e corpos disciplinados, com a esperança dos simples que nada mais desejavam do que a simplicidade.

---

[19] O corregedor era geralmente um chefe indígena eleito para presidir uma espécie de Conselho Comunitário em cada missão, embora sua autoridade estivesse comumente subordinada aos padres.

Capítulo 2

DA CHEGADA DA CORTE AO APOGEU DO IMPÉRIO (1808-1870)

Prof. Rubim Santos Leão de Aquino

Nesse período do século XIX, a sociedade brasileira permaneceu assentada no tripé econômico: grande propriedade, mão-de-obra escrava negra e produção agrícola para exportação, sendo que, a partir do terceiro decênio, o café tornou-se produto-chave da economia.

A chegada da Corte Portuguesa (1808), fugindo das tropas francesas de Napoleão Bonaparte, resultou em profundas transformações. Graças a medidas adotadas por dom João, então regente de Portugal, o Brasil deixou de ser colônia. A Abertura dos Portos pôs fim ao Pacto Colonial (1808), ao passo que a elevação à condição de Reino Unido (1815) colocava a sociedade brasileira em pé de igualdade com o Reino de Portugal.

A Independência de 1822 legitimou o Primeiro Reinado e o governo de dom Pedro I. Quando este abdicou, em 7 de abril de 1831, abriu-se o Período das Regências (1831-1840), terminado com o início do Segundo Reinado. Este era dirigido por dom Pedro II (1840-1889) e atingiu seu apogeu em 1870, ano apontado como o marco da decadência do Império, extinto com a Proclamação da República (1889).

Ao longo desses 67 anos, eventos diversos – não somente transformações políticas e sociais, sobretudo personalidades – serviram de inspiração aos sambas-enredo cantados pelas escolas de samba durante o Carnaval carioca, a partir de 1933.

Infelizmente a grande maioria dessas composições não se encontra disponível para transcrição de suas letras e registro sonoro das respectivas melodias.

No Carnaval de 1977, o desfile das doze escolas de samba do Grupo I foi realizado na avenida Presidente Vargas, nas proximidades da Praça Onze. Era o domingo 7 de fevereiro, quando a Portela se apresentou com o samba de enredo "Festa da Aclamação", composto por Catoni, Dedé da Portela, Jabolô e Waltenir.

Esse desfile esteve sujeito a muita confusão. Uma delas foi provocada pela necessidade de substituir três dos jurados por motivos de saúde. Outro problema prendeu-se ao fato de que o desfile, como tradicionalmente acontece, estava marcado para começar às 18 horas. Acontece que, às 17:30 horas, as emissoras de televisão iniciariam a transmissão da peleja Brasil x Colômbia, pelas eliminatórias da Copa do Mundo de 1978. O problema criado seria o não-televisionamento das primeiras escolas a desfilar. Foi preciso a intervenção da prefeitura, então ocupada por Marcos Tamoio, para retardar o início do desfile para as 20:00 horas, o que permitiria que milhares de telespectadores pudessem, em suas casas, assistir ao bicampeonato conquistado pela Beija-Flor, de Nilópolis.

Veja a letra do samba-enredo da Portela.

"O dia raiou

À tarde a passarada anunciou

Que à noite era a festa

Ao som de clarins

A corte se apresentou

Em vários dias de festa

A cidade se veste

Com seu traje mais novo

A praça em alegria se engalana

Para receber o nosso povo

Tribuna real, camarote e nobreza

Que maravilha de luz e de cor

O povo canta e o rei se encanta

Com a força do canto de amor

Viva o rei!

Viva o rei Dom João

O rei mandou vadiar

Na Festa da Aclamação

Que beleza

Uma índia com o seu manto real

Que lindas alegorias

O Deus Netuno protegendo o pessoal

Vejam nessa passarela

A imagem daquela festa tão bela

Carnaval

Festa do povo

Aclamação

É festa de novo."

Os compositores da azul e branco celebram a "Festa da Aclamação", ocorrida na cidade do Rio de Janeiro em fevereiro de 1818. Embora, de fato, dom João já reinasse há muitos anos, uma vez que exercia o cargo de príncipe-regente desde 1º de fevereiro de 1792 (devido à insanidade da rainha dona Maria I), preferiu adiar sua aclamação como rei, ainda que D. Maria I (1734-1816) houvesse falecido em 20 de março de 1816. Para os três dias da Festa da Aclamação, a cidade do Rio de Janeiro foi enfeitada pelos artistas franceses Auguste-Henri Grandjean de Montigny (arquiteto, 1766-1850), Jean-Baptiste Debret (pintor, 1768-1848) e Auguste-Marie Taunay (escultor, 1768-1824).

Foi no dia 6 de fevereiro de 1818 que ocorreu a aclamação do príncipe-regente que assumiu o título de dom João VI (1767-1826).

Nos dois dias seguintes prosseguiram as festividades na Corte e nas vias públicas da cidade.

Foi no Carnaval de 1962 que o Grêmio Recreativo Escola de Samba Beija-Flor de Nilópolis, desfilando na avenida Presidente Vargas, apresentou o samba "Dia do Fico", que lhe garantiu o segundo lugar no Grupo II e o direito de ascender ao Grupo I no ano seguinte. A música é da autoria de Cabana e tem a letra seguinte:

"Como é para o bem de todos
E felicidade geral da nação
Diga ao povo que fico
Isto aconteceu
No dia nove de janeiro de 1822
Data que o brasileiro
Jamais esqueceu
Data bonita e palavras bem ditas
Que todo o povo aplaudiu
Preconizando D. Pedro I
O grande Defensor Perpétuo do Brasil
Foi uma data de glória
Exuberante em nossa história
Esta marcante vitória deste povo varonil
Também exaltamos agora
Homens que lutaram pelo Fico no Brasil
José Clemente Pereira e José Bonifácio
Que entregaram no palácio a petição
Rogando a D.Pedro I
Que permanecesse em nossa nação."

Os versos iniciais, compostos por Cabana, repetem quase integralmente a célebre declaração de dom Pedro (1798-1834), então príncipe-regente, pronunciada em 9 de janeiro de 1821.

Peça fundamental no movimento de independência do Brasil, o chamado Manifesto do Fico foi redigido pelo desembargador Francisco de Franca Miranda e, segundo outras fontes, pelo também desembargador José da Silva Lisboa (1756-1836), o visconde de Cairu. Continha oito mil assinaturas, evidenciando a força do movimento de resistência às autoridades de Lisboa, que exigiam o retorno de dom Pedro a Portugal, fundamental para o Processo de Recolonização em andamento.

A propósito, em Portugal, com a Revolução do Porto, em 1820, os dirigentes portugueses empenhavam-se em reduzir o Brasil à condição de colônia, assim pondo fim às conquistas obtidas desde a chegada da Corte Portuguesa ao Brasil. Daí o empenho em restabelecer o Pacto Colonial, suprimir a condição de Reino Unido e impor a volta de dom João VI e da Corte Portuguesa a Lisboa.

O documento foi entregue a dom Pedro pelo presidente do Senado da Câmara José Clemente Pereira (1787-1854). Este era membro do <u>Clube da Resistência</u>, sociedade política secreta empenhada na Independência do Brasil. Cabana se equivoca ao afirmar que José Bonifácio participou da entrega do documento a dom Pedro.

Após discursos de Clemente Pereira analisando a conjuntura existente, dom Pedro respondeu: "Como é para bem de todos e felicidade geral da Nação, <u>estou pronto</u>: diga ao povo que fico."

Houve grande comemoração popular ante tal ato de rebeldia, que constituía mais um passo para a sonhada independência.

Por duas vezes o autor da letra se equivoca ao denominar o príncipe-regente de Pedro I, título somente assumido após o 7 de setembro de 1822.

O samba-enredo também exalta José Bonifácio de Andrade e Silva (1763-1838), cognominado <u>Patriarca da Independência</u>, que, em 16 de janeiro de 1822, acabou sendo nomeado ministro do Reino dos Estrangeiros, tendo papel importante no 7 de setembro de 1822. Com isso, deixou de ocupar a vice-presidência da Junta Governativa da província de São Paulo.

Naquele ano de 1962, na noite de 4 de março, começou na avenida Rio Branco o desfile das dez escolas integrantes do Grupo I.

Um dos fatos emblemáticos desse ano foi a decisão do Departamento de Turismo da Prefeitura da cidade do Rio de Janeiro de cobrar ingressos para se assistir ao desfile das escolas de samba. Por essa razão, montou uma arquibancada com 3.500 lugares em frente à Biblioteca Nacional.

A grande vitoriosa do Carnaval foi a Portela, a azul e branco de Madureira, que arrebatou o primeiro lugar com o enredo "Rugendas" ou <u>"Viagens pitorescas através do Brasil"</u>. O resultado foi contestado na 6ª Vara da Fazenda Pública por uma ação judicial encabeçada pela Estação Primeira de Mangueira contra nota baixa que lhe foi atribuída por um componente da Comissão Julgadora. A razão alegada pelo tresloucado jurado foi que as cores verde e rosa da Escola constituíam uma combinação muita fria. Apesar desse argumento descabido, o juiz Polinício Buarque de Amorim manteve a vitória da Portela, mostrando-se insensível ao pleiteado pela Estação Primeira.

Igualmente sem atingir seus objetivos foi o manifesto de intelectuais e artistas contra a demissão do escritor Miécio Tati, da comissão coordenadora dos desfiles do Carnaval. A acusação justificadora dessa decisão foi que Miécio tinha posições esquerdistas. Tal ato, inseria-se no contexto de radicalização política que levaria ao golpe de 1º de abril de 1964.

A propósito, o então estado da Guanabara era governado por Carlos Lacerda (1914-1977), conhecido como O Corvo e um dos líderes direitistas da conspiração vitoriosa na deposição do presidente João Goulart (1919-1976), popularmente chamado de Jango.

Em 1953, o desfile das 22 escolas de samba do Grupo I foi realizado na avenida Presidente Vargas, nas proximidades do prédio da Estrada de Ferro Central do Brasil.

Esse desfile, desde o ano anterior, fora organizado pela Confederação das Escolas de Samba, pondo fim aos desfiles paralelos que eram realizados pela Federação das Escolas de Samba. Esta última fora montada, em 1946, pelo jornal Tribuna Popular, órgão do Partido Comunista e que era dirigido pelo jornalista Pedro Motta Lima (1898-1966).

A nova entidade estabeleceu que somente poderiam participar do desfile as escolas de samba a ela filiadas. Ficou determinada ainda a obrigatoriedade de fantasias para os integrantes de todas as alas. Decidiu-se também que as escolas de samba ficariam distribuídas em dois Grupos: ao Grupo I pertenciam as escolas de samba que tivessem, pelo menos, 300 componentes, enquanto o Grupo II reunia as agremiações que possuíssem, no mínimo, 100 integrantes.

A vencedora foi o G.R.E.S. Portela, que tirou dez em todos os quesitos, inclusive no relativo à alegria, então criado.

"Na Ata, sem constar os motivos, verifica-se que não foi julgada a escola de samba Império da Tijuca, última a desfilar, com o enredo "A primeira cultura do café no Brasil". Nenhuma escola desceu. Não desfilar.am as escolas: Unidos do Grajaú, Unidos do Pecado, União de Vaz Lobo, Independentes do Leblon, Combinados do Amor e Corações Unidos." (ARAÚJO, HIRAM (coordenador) et alii. *Memória do Carnaval*, Rio de Janeiro: Oficina do Livro, 1991, p.204).

O samba-enredo da azul e branco de Madureira foi composto pela dupla Altair Marinho, o popular Altair Prego, e Antônio Candeia Filho (1938-1978). Este possuía apenas 17 anos e viria a se tornar um dos mais importantes compositores da cidade do Rio de Janeiro. Ele assumiria destacado papel de liderança do movimento em defesa das raízes culturais do samba. Com esse propósito, reuniu-se a outros sambistas e fundou, em 1976, o <u>Grêmio Recreativo de Arte Negra Escola de Samba Quilombo</u>.

Foi ele também quem criou as <u>comissões de frente, ou seja,</u> grupo de representantes da diretoria da escola de samba.

Veja, a seguir, a letra de "Seis Datas Magnas", de Candeia e Altair Marinho:

"Foi Tiradentes, o inconfidente

Que foi condenado à morte

Trinta anos depois

O Brasil tornou-se independente

Era o ideal de tornar um país livre e forte

Independência ou Morte

Dom Pedro I proferiu

Mais uma nação livre, era o Brasil

Foi em mil oitocentos e

sessenta e cinco

Que a história nos traz

Riachuelo e Tuiuti

Foram duas grandes vitórias reais

Foram os marechais

Deodoro e Floriano

E outros vultos mais

Que proclamaram a República

quatro dias após

Foram criados os símbolos da

Pátria Amada

Nossa bandeira foi aclamada

Pelo povo quando desfraldada."

Sem ser um <u>samba-lençol</u> – aquele que tem letra bastante extensa –, o samba portelense refere-se a quatro episódios marcantes da sociedade brasileira, associados a personagens e fatos a eles relativos.

<u>Tiradentes</u>, um dos personagens mais presentes nos enredos compostos para os desfiles momescos, teve destacado papel na <u>Conjuração Mineira</u> (1789). Esse movimento é considerado precursor da nossa Independência. Influenciados, sobretudo pelas idéias liberais, propagadas a partir do <u>Século das Luzes</u> e pela independência dos Estados Unidos da América, habitantes das Minas Gerais conspiraram para pôr fim à subordinação a Portugal. Sonharam com a idéia de independência, mas foram denunciados e presos.

De um total de 23 condenados ao degredo na África, somente quatro retornaram posteriormente ao Brasil.

Joaquim José da Silva Xavier, conhecido como <u>Tiradentes</u>, único dos acusados que não tinha prestígio social e que, nos interrogatórios, assumiu ser cabeça e chefe do movimento, terminou condenado à morte na forca. A sentença determinava ainda que a cabeça de Tiradentes seria cortada e colocada em um poste alto em Vila Rica (atual Ouro Preto). Igualmente fixava que "seu corpo será dividido em quatro quartos e pregados em postes pelo caminho de Minas."

A propósito, a <u>Conjuração Mineira</u> é costumeiramente denominada de Inconfidência Mineira. Não concordamos com esse epíteto por várias razões. Se consultar o dicionário, o leitor irá constatar que a palavra <u>inconfidência</u> é sinônimo de <u>traição</u> e <u>deslealdade</u>. Empregando-a, estaremos aceitando a visão do colonizador português: não admitir que um movimento de independência pudesse libertar o Brasil de Portugal. Em nosso entendimento, esse punhado de habitantes das Minas Gerais envolveu-se em uma <u>conspiração</u> ou <u>conjuração</u> sonhando com a liberdade. Além do mais, os conspiradores foram julgados pelo Tribunal da Alçada do Rio de Janeiro e não pelo Tribunal da Inconfidência.

A execução de Tiradentes ocorreu no dia 21 de abril de 1792, na cidade do Rio de Janeiro. Hoje, o <u>21 de abril</u> é <u>feriado nacional</u>.

Nos versos *"Trinta anos depois/o Brasil tornou-se independente/Era o ideal se tornar um país livre e forte/Independência ou Morte"*, os autores homenageiam a Independência de 1822, ano consagrado para a comemoração da Independência do Brasil.

O <u>Sete de Setembro</u>, tornado feriado nacional, não constitui, apesar da sagração oficial, uma unanimidade histórica como marco final do domínio português. Para muitos, a real independência política do Brasil deu-se no dia 7 de abril de 1831. Foi nessa data que dom Pedro I abdicou da coroa imperial: assim o país pode ser efetivamente governado por brasileiros.

Além do mais, não obstante o denominado Grito do Ipiranga, em 7 de setembro de 1822, na Bahia ainda hoje é consagrado como data máxima o dia 2 de julho. Foi nesse dia, no ano de 1823, que as tropas portuguesas, sob comando do brigadeiro Luís Inácio Madeira de Melo, foram obrigadas a viajar de volta a Portugal, após a derrota na batalha de Pirajá.

"Com a vitória do Exército e da Marinha do Brasil na Bahia, naquele julho de 1823 consolidou-se a separação política do Brasil de Portugal e anulou-se o perigo de um ponto de apoio para qualquer intervenção armada da Europa, hipótese possível no desdobramento de uma política que já executara intervenções armadas na Espanha e no Piemonte (Itália). O 2 de julho ficou na reverência patriótica dos baianos que desde logo estabeleceram a tradição de comemorá-lo anualmente com a repetição da entrada do Exército Pacificador na cidade de Salvador." (TAVARES, LUÍS HENRIQUE DIAS. *História da Bahia*, São Paulo-Salvador: Editora UNESP e EDUFBA, 2001, p. 247).

Os versos seguintes levam-nos a duas vitórias brasileiras na Guerra do Paraguai (1864-1870). Aliados a argentinos e uruguaios, os brasileiros travaram feroz guerra contra os guaranis, cujo país conhecia singular progresso material desde o governo de Gaspar Francia (1811-1840). Esse processo foi continuado por Carlos Antônio Lopes (1840-1862) e Francisco Solano Lopes (1862-1870). Na batalha de Riachuelo, travada em 11 de junho de 1865, próximo à embocadura dos rios Paraná e Paraguai, a esquadra paraguaia foi destruída. Sob o comando do almirante Francisco Manuel Barroso da Silva (1804-1882), a vitória naval garantiu o domínio absoluto dos rios platinos pela esquadra brasileira.

Equivocam-se os autores do samba-enredo ao considerar que a vitória brasileira na batalha de Tuiuti ocorreu em 1865. Na realidade, houve duas batalhas de Tuiuti, terminadas com derrotas paraguaias. A primeira se deu em 24 de maio de 1866, quando o comando supremo dos exércitos vencedores estava nas mãos do presidente argentino Bartolomeu Mitre (1862-1868), ao passo que as tropas brasileiras eram lideradas pelo general Manoel Luís Osório (1808-1879). A segunda batalha de Tuiuti aconteceu em 3 de novembro de 1867, cabendo o supremo comando militar dos aliados a Luís Alves de Lima e Silva, o duque de Caxias.

Os últimos versos exaltam as figuras de Manuel Deodoro da Fonseca(1827-1892) e Floriano Vieira Peixoto (1839-1895), ambos marechais, participantes da Guerra do Paraguai e que constituíram os dois primeiros presidentes da República Brasileira.

A Vila Isabel obteve o quarto lugar no desfile das dez escolas do Grupo I, realizado na Candelária no dia 20 de fevereiro de 1966, um domingo.

Ainda que a Império da Tijuca, localizada no morro da Formiga, tomasse parte no desfile, sua participação foi realmente simbólica: seus componentes entraram na pista sem cantar ou dançar. Tal manifestação patenteava a tragédia sofrida pela escola no mês anterior: em janeiro, a cidade do Rio de Janeiro fora castigada por terríveis tempestades e enchentes.

"O efeito da chuvarada, como de hábito, foi mais cruel nas regiões pobres da cidade, onde dezenas de pessoas morreram e um número impressionante de barracos foi destruído. A Escola de Samba Império da Tijuca perdeu a sua sede e o material destinado ao desfile, tudo arrastado pela avalanche (...) Com o apoio das demais escolas, foi assegurado ao Império da Tijuca o direito de permanecer, no ano seguinte, no desfile principal." (CABRAL, SÉRGIO. *As Escolas de Samba do Rio de Janeiro*, Rio de Janeiro: Lumiar, 1996, pp.190 e 191).

A Associação das Escolas de Samba do Estado da Guanabara (AESEGB) havia determinado que os quesitos harmonia, melodia e bateria seriam julgados por uma única pessoa da Comissão Julgadora. Estabelecera igualmente que o quesito bandeira não mais seria julgado no desfile do ano seguinte.

"Três acontecimentos históricos", composto por Simplício, Zé Branco e Gemeu, foi cantado pelos componentes da verde e branco da Tijuca.

"Páginas marcantes
Trechos da História
De épocas distantes
No tempo colonial
O sonho era nos tornar independentes
Por um ato de heroísmo
Foi sacrificado o bravo Tiradentes
Nobres brasileiros
Continuaram a lutar pelo mesmo ideal

Quando os franceses

Comandados por Napoleão

Invadiram Portugal

D. João partiu para o Brasil

Com toda a Corte Real

Aqui muitas obras criou

E tornou a nação mais progressiva

Citamos a Abertura dos Portos

A todas as nações amigas

Destacamos a ação de José Bonifácio

O Patriarca da Independência

Todas as atitudes de D. Pedro tiveram sua influência

Algum tempo depois

A Sete de Setembro de 1822

D. Pedro deu o brado que selou a nossa sorte

Lá rá rá rá

D. Pedro foi aclamado e coroado imperador

Mais tarde entregou o reinado a D. Pedro II

Jovem sucessor

A Princesa Isabel, de nobre coração, assinou a Lei Áurea

Abolindo a escravidão

Nesta marcha gloriosa Benjamim Constant,

Quintino Bocaiúva e Rui Barbosa

Lutaram pela República com ardor

E Deodoro da Fonseca a proclamou

Que passado majestoso

Que presente soberano

Foi o Brasil colonial."

Como se vê, constitui mais um tipo de samba-lençol, recheado por enorme quantidade de informações. Certamente o trio de compositores pesquisou nos livros de História do Brasil, para se referirem a tão variados acontecimentos que se estenderam do "bravo Tiradentes" a Deodoro da Fonseca. De fato, os autores somente registraram a data de "Sete de Setembro de 1822", mas os acontecimentos citados ocorreram em datas que ultrapassam o número apontado no título do samba de enredo.

Senão, vejamos: Tiradentes foi executado em 1792; a invasão de Portugal por tropas francesas aconteceu em 1807, mesmo ano em que a Corte Portuguesa fugiu para o Brasil, aqui chegou em 1808 e abriu os portos às nações amigas; a independência deu-se a Sete de Setembro de 1822, seguindo-se, no mesmo ano, a aclamação e coroação de D. Pedro; este renunciou em favor de seu filho Pedro II, em 7 de abril de 1831; a Lei Áurea é de 13 de maio de 1888 e a República foi proclamada em 15 de novembro de 1889.

Na verdade, o samba refere-se a dez acontecimentos históricos, ocorridos em sete datas diferentes.

Os autores também se equivocam ao atribuir ao marechal Manuel Deodoro da Fonseca (1827-1892) a Proclamação da República, afirmativa sempre repetida nos livros didáticos, certamente consultados pelos compositores da Império da Tijuca.

No Carnaval de 1961, que teve a participação de onze escolas no Grupo I, o desfile, em 11 de fevereiro, aconteceu na avenida Rio Branco. A vitoriosa foi a Mangueira com o enredo "Reminiscências do Rio Antigo", de Hélio Turco, Pelado e Cícero. Contudo, o G.R.E.S. Império Serrano apresentou "Movimentos Revolucionários e Independência do Brasil". Este representou mais um samba-lençol, composto pelo baiano Mano Décio da Viola, como ficou conhecido Décio Antônio Carlos (1909-1984) e Aidno Sá. Veja a extensa letra a seguir:

"Vila Rica 1720

Nasceu a rebelião

Em prol de nossa nação

Que mais tarde nos fez

Povo forte e liberto de igual valor

Felipe dos Santos, o audaz

Que morreu enforcado

Pelos seus ideais

Pascoal da Silva Guimarães

Foi um dos principais

E outros mais

Tiradentes sonhou com a libertação

Morreu defendendo o direito de nossa nação

Domingos Martins, João Pessoa e Antônio Cruz

Todos os demais companheiros tiveram igual fim

Que vultos varonis todos imortais

Da História do Brasil

José Bonifácio de Andrade e Silva

Abnegado lutador

Cuja coragem enalteceu o seu valor

Redigiu a Sua Majestade

Uma carta na qual se anunciou

Defensor de nossa independência

E D. Pedro aceitou

Foi com satisfação

Que o povo recebeu a resolução

Que D. Pedro clareasse a nossa questão

Nas margens do Ipiranga

Ele decidiu a sua sorte

Quando bradou

Independência ou Morte

Lá, lá, lá, rá, lá, rá."

A letra do samba-enredo do Império Serrano apresenta uma visão claramente nacionalista, expressada no próprio linguajar utilizado exaltando "vultos varonis todos imortais" e dando a José Bonifácio de Andrade e Silva a condição de "abnegado lutador". A louvação culmina com os versos afirmando *"que D. Pedro clareasse a nossa questão/Nas margens do Ipiranga."*

Além disso, os autores se equivocam ao misturar episódios e personagens que nada têm a ver com a Independência do Brasil. É o caso de Felipe dos Santos (1691-1720) e Pascoal da Silva Guimarães, ambos portugueses envolvidos na <u>Revolta</u> ou <u>Rebelião de Vila Rica</u>, em 1720. Esta constituiu um dos cognominados <u>movimentos nativistas</u> do Brasil Colônia, sem que houvesse qualquer idéia ou pretensão de pôr fim à subordinação a Portugal. Como os demais <u>movimentos nativistas</u>, aconteceu em reação a medidas impostas pelas autoridades coloniais. No caso da <u>Rebelião de Vila Rica</u>, a reação dos colonos foi contra o conde de Assumar, que governava a capitania de Minas Gerais e determinara que o quinto do ouro passaria a ser cobrado nas Casas de Fundição. Felipe dos Santos acabou enforcado, sendo seu corpo esquartejado e arrastado pelas ruas de Vila Rica (atual Ouro Preto). Quanto a Pascoal da Silva Guimarães, acabou remetido preso para Lisboa e por lá ficou.

Os autores continuam a confundir personagens e fatos inteiramente distintos. Assim ocorreu nos versos:

"Tiradentes sonhou com a libertação
Morreu defendendo o direito de nossa nação
Domingos Martins,João Pessoa e Antônio Cruz
Todos os demais companheiros tiveram igual fim."

Tiradentes, como ficou conhecido Joaquim José da Silva Xavier (1745-1792), ativista da Conjuração Mineira (1789), realmente "sonhou com a libertação" do Brasil, assim como Domingos José Martins (1784-1817) e Antônio Gonçalves Cruz (1770-1833), participantes da Revolução de 1817, em Pernambuco. Todavia, Tiradentes e Domingos José Martins pagaram com a vida a ousadia de lutar contra governos autoritários: Tiradentes, enforcado, teve sua cabeça decepada e o corpo esquartejado, ao passo que Domingos foi fuzilado.

Já Antônio Gonçalves Cruz, apelidado de <u>Cabugá</u>, não "morreu defendendo o direito de nossa nação." Na verdade, faleceu em Chuquisaca, na Bolívia, onde se exilara ante a derrota da <u>Revolução de 1817</u>, também chamada de <u>Revolução dos Padres</u>, porque dela participaram cinco frades e cinqüenta padres.

Por fim, os compositores se equivocam ao incluir João Pessoa junto aos demais vultos citados. João Pessoa Cavalcanti de Albuquerque (1878-1930) foi um político paraibano que concorreu como vice-presidente da República na chapa de Getúlio Dorneles Vargas (1883-1954), pela Aliança Liberal (1930). Seu assassinato, em 26 de julho de 1930, converteu-se em questão política impulsionadora da Revolução de 1930. Como se vê, não existe qualquer ligação com nomes e fatos mencionados pelos autores do samba-enredo.

Ainda em 1961, o G.R.E.S. Caprichosos de Pilares, no dia 12 de fevereiro, um domingo, apresentou a composição de Claudinor Santana, intitulada "Coroação de D.Pedro II". Veja a letra:

"Hoje apresentamos com orgulho

A cerimônia opulenta

Do dia 22 de julho

De 1840

As câmaras decretaram com felicidade

Que aos quatorze anos sua majestade

D. Pedro II era maioridade

Para que o monarca muito juvenil

Assumisse a regência do Brasil

Logo que teve o gigante ao seu critério

Fundou seu primeiro ministério

Com grande ovação da multidão

Foi sagrado e coroado Imperador

E defensor perpétuo da nação

Houve no decurso de seu reinado

Os combates que sempre serão lembrados

O que todo brasileiro ufana

É do que foi travado em Uruguaiana

Nasceu um nobre vulto de sua geração

E veio abolir a escravidão

Divulgando nossa história pelo mundo

Glórias a D. Pedro II

Ô ô ô salve a Princesa e o Imperador."

Integrante do Grupo I que desfilou na avenida Rio Branco, a Caprichosos de Pilares chegou em 9º lugar e acabou rebaixada para o Grupo II, juntamente com a Unidos de Padre Miguel e os Acadêmicos de Bento Ribeiro.

O movimento que pretendia pôr fim ao governo regencial (1831-1840) teve sua primeira manifestação em 1835. Nesse ano, o deputado Luís Cavalcanti apresentou projeto propondo fosse antecipada a maioridade do imperador dom Pedro II. Ele nada conseguiu, porque o imperador tinha então menos de 10 anos, uma vez que nascera em 2 de dezembro de 1825.

A crescente instabilidade política dominante no Período Regencial – marcado pela sucessão de revoltas, não só na capital do país mas em inúmeras províncias – fez crescer o número de parlamentares favoráveis à antecipação da maioridade do imperador. Considerava-se que somente haveria continuidade do regime imperial, capaz de assegurar a estabilidade política, com o exercício do poder pelo imperador, ainda que, para isso, fosse desrespeitada a Constituição de 1824. De acordo com o estabelecido na Carta Magna do Império, dom Pedro II somente poderia assumir o poder quando completasse 18 anos, ou seja, em 1843.

Mesmo assim, em abril de 1840, criou-se no Parlamento o Clube da Maioridade, que se propunha a lutar pela antecipação da maioridade do imperador. Seus integrantes, liderados pelo deputado Antônio Carlos Ribeiro de Andrade (1773-1845), pertenciam ao recém-fundado Partido Liberal, adversário do Partido Conservador, então no poder com o regente Pedro de Araújo Lima (1793-1870).

A campanha pela antecipação da maioridade ganhou as ruas. Jornais, panfletos, comícios, discussões públicas engrossaram a corrente maiorista.

Os versos seguintes exaltam o golpe parlamentar dos maioristas:

"Hoje apresentamos com orgulho

A cerimônia opulenta

Do dia 22 de julho

De 1840

As câmaras decretaram com felicidade

Que aos quatorze anos sua majestade

Dom Pedro II era maioridade."

Por que golpe parlamentar?

Porque dom Pedro tinha então somente 14 anos e sete meses de idade. Porque uma comissão de deputados e senadores, liderados pelo deputado Antônio Carlos, procurou o imperador-menino e lhe perguntou se queria assumir o exercício de suas funções. Ante a resposta afirmativa, convocou-se o Senado e a Câmara para uma sessão conjunta no dia seguinte.

"Reunida, esta, no dia 23, perante ela prestou o imperador o compromisso constitucional, e entrou a governar, pondo termo ao tormentoso período das regências, primeira fase do seu longo reinado." (VIANNA, HÉLIO. *História do Brasil – Monarquia e República*, São Paulo: Melhoramentos, 1962, Tomo II, p. 127)

"Logo que teve o gigante ao seu critério

Fundou seu primeiro ministério

Com grande ovação da multidão."

Os versos anteriores traduzem uma concepção ufanista do autor: o gigante, no caso é o Brasil. Quanto ao ministério fundado, era ele integrado por políticos do Partido Liberal, que armara o Golpe da Maioridade. Foi apelidado de Ministério dos Irmãos porque seis ministros, como foi o caso de Antônio Carlos e Martim Francisco Ribeiro de Andrada (1775-1844), eram irmãos.

"Houve no decurso de seu reinado

Os combates que sempre serão lembrados

O que todo brasileiro ufana

É do que foi travado em Uruguaiana."

Os versos anteriores referem-se, certamente, à Guerra do Paraguai (1864-1870), conflito maior do que as guerras contra o Uruguai e Argentina. O destaque ao combate em Uruguaiana, na então província do Rio Grande do Sul, explica-se pelo resultado da refrega.

A 10 de junho de 1865, sob comando do tenente-coronel Antônio de la Cruz Estigarríbia, uma força paraguaia de 8.000 homens atravessou o rio Uruguai e invadiu o Rio Grande do Sul. Com relativa facilidade e sem encontrar muita resistência, ocupou e saqueou São Borja e Itaqui. Avançando até Uruguaiana, que conquistou em 5 de agosto de 1865, mas acabou cercada pelas tropas brasileiras comandadas pelo general Manuel Luís Osório (1808-1879) e contingentes militares argentinos e uruguaios. O cerco durou 44 dias, tendo os invasores se rendido em 18 de setembro de 1865. Na ocasião, estava presente o imperador que viajara para a província do Rio Grande do Sul assim que soubera da invasão guarani. Estavam presentes também Venâncio Flores e Bartolomeu Mitre, presidentes do Uruguai e da Argentina, respectivamente.

Os versos finais referem-se a Isabel Cristina Leopoldina Augusta Micaela Gabriela Rafaela de Bragança e Bourbon (1846-1921), mais conhecida como Princesa Isabel. Filha de dom Pedro II e de dona Teresa Cristina, tornou-se herdeira do trono por ocasião da morte de seus dois irmãos mais velhos, Afonso e Pedro. Em 1864, casou-se com Luís Felipe Maria Gastão de Orleans, o conde D'Eu. Como regente do Império, coube-lhe assinar, em 13 de maio de 1888, a Lei Áurea, pondo fim à escravidão no Brasil.

Nesse ano de 1961, "o secretário de Turismo Victor Bouças, através do sr. Miécio Tati, cria um palanque 'móvel', instalado sobre uma carreta, para circular enquanto uma escola estivesse desfilando. A 'engenhoca' não funcionou e o júri permaneceu fixo. Deixa de existir o quesito riqueza, escultura e iluminação, que é substituído por alegorias e volta a valer o meio ponto." (ARAÚJO, HIRAM (coordenador) et alii, op.cit., p. 212).

O ano de 1969 foi bastante significativo na História do Carnaval, carioca. O desfile das dez escolas de samba do Grupo I, realizado no dia 16 de fevereiro, aconteceu, pela segunda vez na Candelária. Pouco antes, em 13 de dezembro de 1968, o governo Artur da Costa e Silva (1967-1969) havia editado o Ato Institucional nº 5, conhecido como AI-5. Esta medida da ditadura, vigente desde 1º de abril de 1964, punha fim às liberdades públicas e individuais, impusera o fechamento do Congresso Nacional e praticamente abriu caminho para a repressão generalizada, multiplicando-se as prisões ilegais, a tortura e o assassinato de presos políticos.

Foi nesse contexto que Silas de Oliveira Assunção, mais conhecido como Silas de Oliveira (1916-1972), Mano Décio da Viola e Manuel Ferreira (1913- ?) compuseram o melhor e mais bonito samba-enredo de todos os tempos: "Heróis da Liberdade". Foi com essa composição que desfilaram os componentes do G.R.E.S. Império Serrano, ficando em quarto lugar em ano que a campeã foi o G.R.E.S. Acadêmicos do Salgueiro.

Veja a letra que, inclusive, custou aos autores serem intimados a comparecer à polícia política e até obrigados a explicar ao general Luis França de Oliveira, secretário de Segurança do estado da Guanabara, por que fizeram letra tão significativa em sua louvação à liberdade e aos heróis brasileiros que por ela lutaram e morreram. "Os compositores explicaram que a descrição nada tinha a ver com fatos recentes e que tudo aquilo fora retirado dos livros de História do Brasil. Depois de muita conversa, tiveram de retirar do samba a palavra revolução, substituída por evolução." (CABRAL, SÉRGIO. Op.cit., p. 193).

Veja a letra, que é um verdadeiro hino à luta dos Heróis da Liberdade:

"Ô ô ô ô ô ô

Ô ô ô ô ô ô , liberdade, senhor.

Passava a noite, vinha o dia.

O sangue do negro corria dia a dia.

De lamento em lamento,

De agonia em agonia,

Ele pedia o fim da tirania.

Lá em Vila Rica,

Junto ao Largo da Bica,

Local da opressão,

A fiel Maçonaria,

Com sabedoria,

Deu sua decisão.

Com flores e alegria,

Veio a Abolição,

A Independência laureando o seu brasão.

Ao longe, soldados e tambores,

Alunos e professores,

Acompanhados de clarim,

Cantavam assim:

Já raio a liberdade, já raiou.

Esta brisa que a juventude afaga,

Esta chama que o ódio não apaga pelo universo.

É a evolução, em sua legítima razão.

Samba, ô, samba, presta homenagem

Aos heróis da liberdade..."

Em 2 de março de 2003, o jornal *O Globo* publicou resultado de pesquisa consignando ser "Heróis da Liberdade" o samba mais bonito dos cantados no Carnaval. Sua apologia da liberdade está presente já nos primeiros versos, quando os compositores registram a saga do negro escravo.

"Passava noite, vinha o dia.

O sangue do negro corria dia a dia.

De lamento em lamento,

De agonia em agonia,

Ele pedia o fim da tirania."

Este belo samba inegavelmente tem versos que contestam a ditadura militar, assim como acontecera com a Passeata dos Cem Mil, ocorrida na cidade do Rio de Janeiro, em 26 de junho de 1968. Nela, fora marcante a participação de estudantes e professores exigindo a volta da democracia, além de protestar contra a violência do dia 21 de junho. Neste, cognominado "Sexta-Feira Sangrenta", acontecera terrível repressão à passeata estudantil por mais verbas para a educação.

"Ao longe, soldados e tambores

Alunos e professores

Acompanhados de clarim

Cantavam assim:

Já raiou a liberdade

A liberdade já raiou."

Para o poeta Carlos Drummond de Andrade (1902-1987), "Heróis da Liberdade" tem alguns dos versos mais lindos da língua portuguesa. É o caso dos citados a seguir, apontados pelo consagrado poeta:

"Essa brisa que a juventude afaga

Esta chama que o ódio não apaga

Pelo universo é a evolução

Em sua legítima razão."

Nessa conjuntura de violência institucionalizada não é de espantar a brutalidade da Polícia Militar contra populares que assistiam ao desfile das escolas de samba do Grupo II. O episódio lamentável, ocorrido na avenida Rio Branco, provocou tal tumulto que quatro agremiações não puderam desfilar. Foi o caso da Independentes do Leblon, São Clemente, Tupi de Brás de Pina e Império da Tijuca. Em conseqüência, das quatorze integrantes do Grupo II, somente foram julgadas dez escolas e, por isso, nenhuma escola foi rebaixada.

Em 1969, com o retorno de Fernando de Pamplona, emérito cenógrafo, ao Salgueiro, desde 1968, aconteceu a ascensão de um grupo de carnavalescos ao poder, destacando-se Joãozinho Trinta, Rosa Magalhães, Maria Augusta e Arlindo Rodrigues. Abriu-se um período de samba-enredo sobre negros e sua saga.

No Carnaval de 1975, vencido pelos Acadêmicos do Salgueiro com o enredo "O segredo das minas do Rei Salomão", contestado por dirigentes de outras escolas. Estas afirmavam que o enredo infringia o regulamento estabelecendo que "os enredos devem ser sobre temas nacionais brasileiros." Apesar de, à boca pequena, se falar em impugnação do resultado, o mesmo foi mantido. O desfile das doze escolas desse Grupo I aconteceu na avenida Presidente Antônio Carlos, na noite de 9 de fevereiro. Houve, porém, uma alteração: as escolas sambaram da avenida Beira-Mar rumo à Praça XV de Novembro, invertendo a mão que vigorara no ano anterior.

Nesse domingo de fevereiro, a Estácio de Sá apresentou-se com a composição "A Festa do Círio de Nazaré", da autoria de Dario Marciano, Aderbal Moreira e Nilo Mendes. Veja a letra:

"No Mês de Outubro

Em Belém do Pará

São dias de alegria e muita fé

Começa com extensa romaria matinal   } BIS

O Círio de Nazaré

Que maravilha a procissão

E como é linda a Santa em sua berlinda

E o romeiro a implorar

Pedindo à Dona em oração

Para lhe ajudar

Oh! Virgem Santa

Olhai por nós

Olhai por nós   } BIS

Oh! Virgem Santa

Pois precisamos de paz

Em torno da Matriz

As barraquinhas com seus pregoeiros

Moças e senhores do lugar

Três vestidos fazem para se apresentar

Tem o circo dos horrores

Berro-boi, roda-gigante

As crianças se divertem

Em seu mundo fascinante

E o vendeiro de iguarias a pronunciar

Comidas típicas do estado do Pará

Tem pato no tucupi   }

Muçuã e tacacá   }

Maniçoba e tucumã   } BIS

Açaí e aluá."   }

O nome inicial da Estácio era São Carlos, e somente a partir de 1983, ou seja, oito anos após o desfile de 1975, foi que passou a se chamar G.R.E.S. Estácio de Sá.

Nesse Carnaval de 1975, o tema do seu samba-enredo constituiu a descrição de um dos movimentos sociais religiosos mais importantes do Brasil. Inegavelmente, hoje existem três grandes festas religiosas ligadas à Igreja Católica que arrastam milhares de fiéis nas cidades onde ocorrem. Muitos dos participantes moram na própria cidade em que se celebra a festividade, mas também existem aqueles oriundos de outras cidades e de diversos estados.

Digna de registro, tal a quantidade de romeiros e a magnificência da manifestação de religiosidade, é a Festa do Senhor do Bonfim, que se realiza no mês de janeiro na cidade de Salvador, na Bahia. "Cerca de um milhão de pessoas vindas do Brasil e do exterior participam do imenso cortejo que se desloca da Igreja de Nossa Senhora de Conceição da Praia até a Colina do Bom Jesus. Blocos-afros, afoxés, trios elétricos constituem o elemento propulsor da multidão que, sob o sol escaldante do verão baiano, vai prestar sua homenagem ao padroeiro. À frente do cortejo, destacam-se as baianas trajadas de branco, trazendo à cabeça os potes cheios de flores brancas e água sagrada da fonte de Oxalá. Antes do fechamento das portas da igreja, não só as escadarias como a nave central, são lavadas por elas." (GONZALES, LÉLIA. Festas populares no Brasil, Rio de Janeiro: Index, 1989, p. 117). Pode-se dizer que o cerimonial religioso inclui o sagrado e o profano, a fé e a folia, a contrição e a alegria.

Outra festa que reúne significativa presença de romeiros das mais diversas procedências e condições sociais dá-se em Aparecida do Norte, em São Paulo.

Curioso, não? A cidade não fica no Norte e muito menos existe uma Aparecida do Sul! Algumas fontes afirmam que a romaria a Nossa Senhora Aparecida, negra e desde 1950 padroeira do Brasil, é a maior do país. É celebrada principalmente nos meses de maio, setembro, outubro e dezembro. Para a Basílica Velha e sobretudo para a Basílica Nova afluem milhares de fiéis. Ao redor dessas duas Basílicas, dezenas de barraquinhas expõem medalhinhas, fitinhas coloridas, santinhos, velas e uma infinidade de artigos oferecidos aos integrantes da constante peregrinação às cerimônias do culto.

A Festa do Círio de Nazaré ocorre no segundo domingo de outubro, em Belém, no estado do Pará. É uma festa em que coexistem manifestações da liturgia católica e de profano, como a letra do samba-de-enredo registra. Afirma-se que a Festa do Círio de Nazaré chega a reunir dois milhões de pessoas acompanhando a imagem de Nossa Senhora de Nazaré, a Rainha da Amazônia, como carinhosamente a ela se referem os paraenses. A primeira festa do Círio de Nazaré, em Belém, aconteceu em 1793. Ainda hoje a peregrinação é feita por cerca de quatro quilômetros pelas ruas da cidade. Desde a véspera da procissão, existe, na praça da República, a principal de Belém, intensa disputa dos fiéis para segurar a corda de 80 metros que cerca o andor onde se encontra a imagem de Nossa Senhora de Nazaré. No dia seguinte, domingo pela manhã, a massa humana se concentra no Largo da Sé, onde se encontra a Catedral em que é celebrada a missa solene. Após, acontece a procissão que, por três quilômetros, desloca-se pelas ruas da cidade, dela participando a Guarda de Honra, carros alegóricos e alto-falantes transmitindo músicas populares, como "Nossa Senhora", do cantor Roberto Carlos. O aspecto profano da festa também inclui a presença de tabuleiros de comidas típicas do estado do Pará: pato no tucupi, tacacá, muçuã, mariçoca e tucumã, como consta na letra do samba de enredo.

Esse espetáculo de profano e de fé, de devoção e azaração, também inspirou o samba de 2004 da Viradouro.

Curiosamente, essa mesma letra foi cantada pelos componentes do G.R.E.S. do Viradouro no desfile de Carnaval de 2004. Incrível ser uma única letra para duas escolas diferentes. A Viradouro, sexta a desfilar na segunda-feira, 23 de fevereiro de 2004, ficou com o quarto lugar na Passarela do Samba.

Essa verdadeira volta ao passado tornou-se possível porque a LIESA permitiu fossem reapresentados antigos sambas-enredo cantados e dançados em Carnavais de outrora.

Por essa razão, três outras escolas igualmente reviveram uma visita ao passado. A Portela relembrou "Lendas e mistérios da Amazônia", de Jabolô, Catoni e Valtenir, composto para 1970; a Império Serrano cantou o clássico Aquarela brasileira, feita por Silas de Oliveira, em 1964; e a Tradição optou por "Contos de Areia", de Dedé da Portela e Norival Reis, que a Portela já apresentara em 1984.

No Carnaval de 2002, desde 1984 concentrando o desfile no Sambódromo e tendo a Imperatriz Leopoldinense como tricampeã, o Império Serrano apresentou um samba-enredo bastante original. Intitulado "Aclamação e coroação do imperador da Pedra do Reino Ariano Suassuna", foi composto por Aluízio Machado, Maurição, Carlos Sena, Lula e Elmo Caetano.

Veja a letra a seguir:

"Sol inclemente
Vai além da imaginação
Sopro ardente, árida terra
Desse poeta cantador
Sede de vida, gente sofrida
Salve o lanceiro, guerreiro do amor

Cabra macho, firmeza, que emoção
Liberdade, esperança, ressurreição
A bondade, a maldade no coração
Amor, verdade, eu encontro neste chão
Vem que tem...

Tem azul, tem encarnado, tem
Numa comunhão de fé
Lança em punho ao som da luta
Desse sonho contra a dor
Resgatando o passado
Desse povo vencedor
Esses reis tão sertanejos
Descendentes de valor
E a cavalgada parte
Lá de Belmonte
Pra serra do Catolé
Tão linda minha corte sertaneja
Marco forte, altaneira do sertão
Buscando na justiça igualdade
Empunhando a bandeira na coroação

Hoje o Império é a voz da razão
Onde reina a paz e a união
E é muito mais que uma paixão
Sou Imperador...lá do sertão."

Inegavelmente, os autores da verde e branco de Ramos devem ter se inspirado no escritor pernambucano Ariano Suassuna, autor do *Romance d'A Pedra do Reino e o príncipe do sangue do vai-e-volta*, Rio de Janeiro, José Olympio Editora, 1971. Ainda que não tenham explicitado claramente, os autores referem-se à comunidade criada no sítio da Pedra Bonita, na serra do Catolé, em Pernambuco, em 1836. No local, formou-se o <u>Reino Encantado</u> ou <u>Reino da Pedra Bonita</u>.

Em tal comunidade nunca qualquer dirigente assumiu o título de imperador, como afirmam os compositores da Imperatriz Leopoldinense. Houve um desses líderes, chamado João Ferreira dos Santos, que se autotitulou rei. Ele exigia fossem seus pés beijados pelos fiéis. Usava ainda uma coroa feita de cipós e fazia predições prometendo um futuro radiante aos seus seguidores.

O crescimento dessa comunidade sertaneja inquietou as autoridades da província que prontamente destruíram o Reino Encantado, em 1838.

No domingo, 3 de março de 1957, na avenida Rio Branco, desfilaram as 18 escolas de samba do Grupo I. Na oportunidade, o Acadêmicos do Salgueiro escolheu como enredo "Navio Negreiro", samba de Djalma Sabiá e Amado Régis.

"O Salgueiro se classificava em quarto lugar. Estava difícil furar o bloqueio, mas não passou despercebido o fato da escola ter apresentado um enredo de caráter africano, cantando as dores, as surpresas e as esperanças dos que aqui chegaram escravos diante da nova terra. A diferença se fazia ainda mais evidente quando as escolas, que a precederam no resultado, trouxeram enredos mais ou menos convencionais, dentro do padrão da época, não obstante os belos sambas com que desfilaram." (COSTA, HAROLDO. *Salgueiro: Academia de Samba*, Rio de Janeiro, Record, 1984, p.75).

Veja a letra de um dos mais belos sambas-enredo de todos os tempos:

"Apresentamos

Páginas e memórias

Que deram louvor e glórias

Ao altruísta e defensor

Tenaz da gente de cor

Castro Alves, que também se inspirou

E em versos retratou

O navio onde os negros

Amontoados e acorrentados

Em cativeiro no porão da embarcação,

Com a alma em farrapo de tanto mau trato,

Vinham para a escravidão

Ô ô ô ô ô

No navio negreiro

O negro veio pro cativeiro.

Finalmente, uma lei

O tráfico aboliu,

Vieram outras leis,

E a escravidão extinguiu,

A liberdade surgiu

Como o poeta previu.

Ô ô ô ô ô

Acabou-se o navio negreiro

Não há mais cativeiro

(Apresentamos)"

É inegável a influência do poeta baiano Antônio de Castro Alves (1847-1871) sobre essa composição musical da dupla de sambistas da vermelho e branco do Andaraí, a começar pelo título do samba-enredo, que é idêntico ao de um dos mais conhecidos poemas do autor abolicionista. No entanto, seu trabalho, escrito em 1868, no mesmo ano em que compôs "Vozes d'África", somente foi publicado após a sua morte. Ambos os poemas têm como eixo específico o tráfico negreiro, muito mais do que a escravidão.

Escritos em São Paulo, em abril e junho de 1868, têm um certo distanciamento da Lei Eusébio de Queirós, de 1850, abolindo o tráfico negreiro.

Castro Alves, em seu épico poema "Navio Negreiro", brada:

"O tombadilho

Que das luzernas avermelha o brilho,

Em sangue a se banhar.

Tinir de ferros... estalar do açoite...

Legiões de homens negros como a noite,

Horrendos a dançar...

(...) Senhor Deus dos desgraçados!

Dizei-me vós, Senhor Deus!

Se eu deliro... ou se é verdade

Tanto horror perante os céus..."

É bom lembrar que "Navio Negreiro" tem como subtítulo *Tragédia no Mar*, colorindo seus candentes versos com as nuances do horror que era imposto aos negros escravizados na viagem para o Brasil. A violência sofrida "no porão da embarcação" era de tal monta que uma parcela ponderável dos negros acabava morrendo. Por essa razão, esses navios negreiros ficaram conhecidos pelo nome de tumbeiros.

"Finalmente, uma lei
O tráfico aboliu."

Na realidade, houve duas leis. A primeira, de número 581, de 4 de setembro de 1850, proibiu terminantemente a continuação do tráfico negreiro e estabeleceu punições para os infratores. Esta legislação acabou ficando conhecida como Lei Eusébio de Queirós, então ministro da Justiça do Império.

A lei número 731, de 5 de junho de 1854, proposta pelo senador José Tomás Nabuco de Araújo (1813-1878), estabelecia, com maior precisão, as punições aos brasileiros e estrangeiros que fossem aprisionados por envolvimento com o tráfico de escravos africanos.

Ainda que essas medidas representassem a ação do governo brasileiro sobre o infame comércio negreiro, elas se explicam, sobretudo, pela pressão inglesa. Desde 8 de agosto de 1845, o Parlamento da Grã-Bretanha aprovara o Bill Aberdeen, autorizando navios ingleses a aprisionarem embarcações brasileiras usadas no tráfico de escravos africanos. Sucederam-se atos de repressão aos tumbeiros, apesar dos protestos do governo brasileiro.

Essa violência acabou encarecendo o preço de venda do escravo importado, tudo culminando com a legislação abolindo o tráfico negreiro.

"Vieram outras leis,
E a escravidão extinguiu."

Realmente três atos legislativos resultaram no fim da escravidão africana: a Lei do Ventre Livre, de 28 de setembro de 1871; a Lei dos Sexagenários, de 28 de setembro de 1885; e a Lei Áurea, de 13 de maio de 1888.

"A liberdade surgiu
Como o poeta previu (...)
Acabou-se o navio negreiro,
Não há mais cativeiro."

Serão verdadeiras as palavras dos compositores do Acadêmicos do Salgueiro?

Parece-nos que realmente acabou o navio negreiro. No Brasil, contudo, nesta primeira década do século XXI, ainda existem cerca de 25.000 escravos, segundo denúncia da <u>Comissão Pastoral da Terra</u>, órgão vinculado à Igreja Católica. Sucedem-se denúncias de que trabalhadores, muitos deles negros, continuam mantidos em regime de verdadeira escravidão, inclusive em propriedades rurais de parlamentares. Pode-se afirmar que "o ciclo do trabalho escravo no Brasil chegou ao século XXI alimentado pela impunidade." ("Folha de São Paulo", de 6 de abril de 2003).

Não se pode negar que, ainda hoje, negros e mulatos, descendentes de antigos escravos, permanecem estigmatizados pelo racismo, velado ou escancarado, dominante na sociedade brasileira.

A conjuntura histórica em que atualmente vivemos é bem diferente da que existiu no passado, mas até quando a sociedade brasileira será marcada por permanências do Brasil Colônia e do Brasil Império?

Nesse mesmo ano de 1957, o G.R.E.S.Caprichosos de Pilares desfilou no Grupo I com o samba-enredo "Exaltação ao general Osório". Composto por Sidnei de Oliveira e Lampião, é uma exaltação a Manoel Luís Osório (1808-1879), nascido no Rio Grande do Sul e importante chefe militar brasileiro que participou de combates na província Cisplatina (atual Uruguai), na Revolução Farroupilha (1835-1845) e, sobretudo, na Guerra do Paraguai (1864-1870).

Este conflito reuniu o Brasil, a Argentina e o Uruguai contra o Paraguai. A intervenção brasileira no Uruguai depondo o presidente Atanásio Aguirre, do Partido Blanco, que tinha o apoio de Francisco Solano Lopes, presidente do Paraguai, acarretou o conflito.

Em represália e sem formal declaração de guerra, o governo paraguaio aprisionou o navio brasileiro <u>Marquês de Olinda</u>, que havia zarpado de Assunção (capital do Paraguai), ocupou Dourados e o Forte de Coimbra, em Mato Grosso, e invadiu a Argentina e o Rio Grande do Sul.

Nesse contexto, Osório foi nomeado comandante-chefe dos exércitos brasileiros que invadiram o Paraguai no Passo da Pátria. No dia 24 de maio de 1866, à frente da cavalaria brasileira, derrotou os paraguaios na primeira batalha de Tuiuti, que durou cinco horas e meia. Na ocasião, foi ferido e enviado ao Rio Grande do Sul para se recuperar.

Retornou ao teatro das operações militares em território paraguaio e participou da vários combates, destacando-se a passagem do arroio Avaí.

Nesse combate uma bala paraguaia atravessou o seu maxilar, o que não o impediu de continuar a estimular os brasileiros a lutar. Somente a gravidade do ferimento e a conseqüente hemorragia obrigaram-no a parar. Era o dia 11 de dezembro de 1868.

Após se recuperar, retornou ao Paraguai. A essa altura, o comando supremo das tropas cabia ao conde D'Eu (1842-1922), genro do imperador Pedro II. Osório ainda participou do combate de Peribebui, travado em 12 de agosto de 1869, mas, bastante doente, retornou ao Brasil.

Recebeu os títulos de barão, visconde e marquês de Herval. Com a República, tornou-se Patrono da Cavalaria do Exército Brasileiro.

Veja a letra do samba de enredo homenageando esse herói brasileiro:

"Em 10 de Maio de 1808
Nasceu um grande vulto do passado
General Manoel Luís Osório
Que se revelou um grande soldado
Este grande herói
Guerreou no estrangeiro
Defendendo o solo brasileiro
Com arrojo e galhardia
Demonstrou a fibra
De nossa Cavalaria
Vitorioso na Batalha do Tuiuti
Causou grande baixa
Na Batalha do Avaí
Sendo neste combate
Ferido por bala de fuzil
Não fugindo
À luta pelo Brasil
Manoel Luís Osório
Mais tarde Marquês do Herval
Quem exaltamos neste Carnaval."

A Unidos da Tijuca, em 3 de março de 2003, uma segunda-feira, foi a quarta escola a se apresentar, pelo Grupo Especial na Passarela do Samba. Seus componentes cantaram o samba-de-enredo "Agudás: os que levaram a África no coração e trouxeram o coração da África, o Brasil!" Como se lê, tinha – e ainda tem – um título quilométrico a composição de Rono Maia, Jorge Melodia e Alexandre Aleg.

Veja a letra, a seguir:

"Obatalá
Mandou chamar seus filhos
A luz de Orumila
Conduz o Ifá, destino
Sou negro e venci tantas correntes
A glória de quebrar todos grilhões
Na volta das espumas flutuantes
Mãe-África receba seus leões
No rufar do tambor, ô, ô,
Atravessando o mar de Iemanjá
No sangue trago essa chama verdadeira
Raiz afro-brasileira, sou Agudá
Quem chega a porto novo
É raça, é povo e se mistura
De semba se fez samba
Um carnaval pelas culturas
Na fé, de meus orixás
Axé, meu Delogun
Temor e proteção ao anel do dragão de Dagoun
A união é bonita
E a gente acredita na força do irmão
No continente africano a ecoar
A epopéia Agudá, vitoriosa face da razão
Tem cheiro de benjoim no xirê alabê

Prepare o acarajé no dendê

Salve o Chachá, salve toda negritude

A Tijuca vem contar uma história de atitude."

Os autores da azul-pavão, vermelho e ouro da Tijuca fazem uma clara homenagem aos agudás, palavra que em língua iorubá significa estrangeiro. Populações africanas do golfo da Guiné assim denominaram os negros chegados do Brasil. Consideravam que, apesar de originalmente descenderem de grupos étnicos africanos, haviam adquirido maneiras de brancos. Era o caso de novas técnicas de construção e de estilo de arquitetura. Acrescentavam-se hábitos alimentares, como a feijoada e pratos com mandioca, milho e batata-doce. Ou, então, de crenças religiosas, como um sincretismo católico, evidenciado em festividades de Cosme e Damião ou do Nosso Senhor do Bonfim.

Muitos deles provinham da Bahia, de onde haviam sido expulsos após a Revolta dos Malês, em 1835. Eram africanos (escravos ou libertos) e crioulos (como eram chamados os negros nascidos no Brasil).

Acabaram reconstruindo suas vidas em regiões do golfo do Benim, onde hoje estão a Nigéria, Togo e Benim.

A letra refere-se a inúmeras divindades africanas, como Obatalá (nome africano de Oxalá, o Orixá da criação), Orumilá (deus revelador, ligado ao destino do mundo), Ifá (grande Orixá da adivinhação e do destino), Iemanjá (Orixá dos rios e águas correntes, é filha de Obatalá, casou-se com Oranhiã, fundador de Oyó, capital do reino Iorubá; no Brasil, é Orixá do mar e mãe de todos os Orixás) e Orixás ("divindades intermediárias iorubanas (...) Na África eram cerca de 600. Para o Brasil vieram talvez uns 50 (...) Muitos deles são antigos reis, rainhas ou heróis divinizados, os quais representam as vibrações das forças elementares da Natureza – raios, trovões, ventos, tempestades, água, fenômenos naturais, como o arco-íris, atividades econômicas primordiais do homem primitivo – caça, agricultura ou minerais, como o ferro (...) E ainda as grandes ceifadoras de vidas, as doenças epidêmicas, como a varíola). " CACCIATORE, OLGA GUDOLLE. *Dicionário de cultos afro-brasileiros*, Rio de Janeiro: Forense-Universitária, 1988, p. 197).

Os compositores da Unidos da Tijuca exaltavam ainda cerimônias afro-brasileiras (como o xirê, ordem em que são tocadas, dançadas e cantadas invocações aos Orixás), enfeites (como o delogun, que é um colar com 16 fios de miçangas, nas cores dos Orixás), alimentos (como o acarajé, que é uma comida afro-baiana, e o <u>dendê</u>, azeite extraído dos frutos do dendezeiro, tipo de palmeira africana trazida para o Brasil).

O <u>acarajé</u>, conhecido também como <u>acará</u>, constituiu a comida preferida de <u>Iansã</u> e de <u>Obá</u>. Ambas são Orixás, guerreiras e esposas de <u>Xangô</u> (deus do raio e do trovão, sincretizado com São Jerônimo).

"Na volta das espumas flutuantes

Mãe-África receba seus leões

No rufar do tambor, ô, ô,

Atravessando o mar de Iemanjá

No sangue essa chama verdadeira

Raiz afro-brasileira, sou Agudá

Quem chega a porto novo

É raça, é povo e se mistura."

Nos versos anteriores, há uma referência que tanto se aplica ao único livro de poesias de Castro Alves, publicado quando ainda estava vivo – intitulado "Espumas Flutuantes" –, quanto às águas do oceano Atlântico. Este, também é considerado "mar de Iemanjá". É a exaltação da viagem de retorno dos agudás às terras africanas.

A ligação África-Brasil igualmente se apresenta nos versos "De semba se fez samba". Os autores-compositores referem-se a uma das hipóteses sobre a origem da palavra <u>samba</u>: esta viria do vocábulo <u>semba,</u> que, na língua umbundo falada em Angola, quer dizer <u>umbigada</u> ou <u>união do baixo ventre</u>.

"Salve o Chachá" constitui clara louvação a título dado ao baiano Francisco Félix de Sousa (1754-1849), o maior dos negreiros e renomado vice-rei de Uidá, no Reino do Daomé, atual Benim.

Talvez tenha sido condenado ao desterro ou apenas fosse foragido da Justiça, mas, ao se casar com a filha de um rei africano, adquiriu prestígio e poder. Na fortaleza portuguesa de São João de Ajudá, desenvolveu intensa atividade como comerciante de escravos.

"Casado pelas normas daomeanas com várias mulheres, conhecem-se pelos nomes 63 de seus filhos (...) deles exigia que procedessem na rua como europeus. Não trajavam como daomeanos, mas à brasileira (...) exigia que freqüentassem a escola e a igreja que mantinha no forte. Ali aprendiam a ler e escrever em português, rudimentos de matemática e a doutrina cristã." (COSTA e SILVA, ALBERTO. "O senhor dos desgraçados". Revista *Nossa História*, Rio de Janeiro: Biblioteca Nacional, 2005, nº 7, pp. 58 e 59).

Seu poder e riqueza foram de tal monta que originou o orixá <u>Dagoun</u>, criado pela família Souza, que hoje conta com cerca de cinco mil pessoas.

Acrescentaríamos que grande número de afro-brasileiros, ou agudás, foi utilizado por Guezó (1818-1858), na reorganização dos seus domínios no reino do Daomé. "Guezó estabeleceu a completa independência do Daomé. Previdente, tentou criar uma alternativa econômica ao tráfico negreiro, com a comercialização do óleo de dendê e outras palmeiras. Possuía mesmo um esboço de política externa, oferecendo ao imperador do Brasil seu reino como protetorado." (RODRIGUES, JOÃO CARLOS. *Pequena História da África Negra*, São Paulo: Globo, 1990, p.95). Um dos seus auxiliares mais importantes foi justamente Francisco Félix de Sousa.

Capítulo 3

DO OCASO DO IMPÉRIO AO FIM DA REPÚBLICA VELHA (1870-1930)

Prof. Rubim Santos Leão de Aquino

Nas últimas décadas do século XIX, as grandes potências (Alemanha, Estados Unidos, Inglaterra, França, Itália e Japão) entraram em nova etapa do sistema capitalista. Foi o capitalismo monopolista e financeiro, que teve como uma das suas principais características a concentração de capitais. Esta concentração se fez através dos trustes, dos holdings e cartéis.

Burgueses ricos passaram a imperar na economia, na política e na sociedade. Viveu-se, então, a Belle Époque, cujo cenário principal foi Paris. Capital do luxo e do prazer, da tão cantada boemia que, no entanto, mal disfarçava a miséria dos trabalhadores, confinados em bairros não atingidos pelas reformas arquitetônicas, pelas amplas e iluminadas avenidas, por verdejantes parques.

Essas mudanças refletiram-se nos países periféricos, como o Brasil, que tiveram de se adequar à nova realidade econômica.

Ainda que impulsionada por sua própria dinâmica, a sociedade brasileira, desde 1870, foi dominada pela evidente crise da economia escravista, desintegrada pelo avanço do capitalismo agrário-exportador. Refletindo a mudança da infra-estrutura, a monarquia também se desgastou e foi substituída pelo regime republicano, em 1889.

Começou a Primeira República, conhecida ainda como República Velha e República dos Fazendeiros (1889-1930).

Assim como ocorrera desde o Período Colonial e prosseguira no decorrer do Império, o regime republicano foi marcado por movimentos de contestação à ordem existente, na medida em que, sob impacto externo, a economia e a sociedade brasileira modificaram-se. Daí a crise que se evidenciou e culminou na chamada Revolução de 1930, que pôs fim à República Velha.

No Carnaval de 1979, Wilson Moreira e Nei Lopes compuseram "Noventa Anos de Abolição", samba-enredo do Grêmio Recreativo de Arte Negra Escola de Samba Quilombo.

Quilombo surgiu em 1976, como um movimento de resistência à crescente descaracterização das escolas de samba, afastando-as de suas raízes culturais. Liderados por Antônio Candeia Filho, ou simplesmente Candeia, sambistas do G.R.E.S. Portela fundaram nova escola de samba que "deveria refletir exatamente o que foi o Quilombo de Palmares", como escreveu o sambista Carlos Elias em carta, de 13 de janeiro de 1976, enviada a Candeia. (apud VARGENS, JOÃO BAPTISTA M. *Candeia*, Rio de Janeiro: Martins Fontes –FUNARTE, 1987, pág. 74). Dentre os objetivos da Quilombo, ficou determinado "1. Desenvolver um centro de pesquisas de arte negra, enfatizando sua contribuição à formação da cultura brasileira (...) 4. Atrair os verdadeiros representantes e estudiosos da cultura brasileira, destacando a importância do elemento negro no seu contexto. 5. Organizar uma escola de samba onde seus compositores, ainda não corrompidos pela 'evolução' imposta pelo sistema, possam cantar seus sambas, sem prévias imposições. Uma escola que sirva de teto a todos os sambistas, negros e brancos, irmanados em defesa do autêntico ritmo brasileiro." (VARGENS, JOÃO BAPTISTA M., op.cit., pág. 75).

Esses objetivos estão patentes na escolha do tema que se relaciona a um dos episódios marcantes da sociedade brasileira: a Abolição da Escravatura, em 1888.

Eis a letra:

"Hoje a festa é nossa
Não temos muito para oferecer
Mas os atabaques vão dobrando
Com toda a alegria de viver.
Festa no Quilombo
Noventa anos de Abolição –
Todo o mundo unido pelo amor
Não importa a cor

Vale o coração

Nossa festa hoje é homenagem

À luta contra as injustiças raciais

Que vêm de séculos passados

E chega até os dias atuais

Reverenciamos a memória

Desses bravos que fizeram nossa história:

Zumbi, Licutan e Ahuna

Zundu, Luís Sanin e Dandará.

E os quilombolas de hoje em dia

'São candeia' que nos alumia

E hoje nesta festa

Noventa anos de Abolição

Quilombo vem mostrar que a igualdade

O negro vai moldar com a própria mão

E em luta pelo seu lugar ao sol

Não é só bom de samba e futebol."

Quatro versos deixam patente o preito dos autores à "homenagem à luta contra as injustiças raciais" que "chega até os dias atuais."

"Reverenciamos a memória

Desses bravos que, fizeram a nossa História."

Zumbi é apontado como o primeiro "bravo" negro que a História reteve como um grande lutador que morreu defendendo a liberdade e a maneira de viver de segmentos oprimidos da sociedade colonial. Não somente negros que lutavam contra a escravidão e outras formas de opressão, mas também índios, mulatos e brancos pobres reuniram-se no Quilombo de Palmares. Existem controvérsias a propósito do ano de nascimento de Zumbi. Para algumas fontes nasceu em 1644, ao passo que outras apontam 1655. O local foi o Quilombo de Palmares, que ele passou a governar a partir de 1678, liderando os quilombolas que rejeitaram o acordo realizado por Ganga Zumba com as autoridades coloniais. Sua morte em combate, em 20 de novembro de 1695, tornou-se o <u>Dia Nacional da Consciência Negra.</u>

Dentre os heróis apontados nos versos está Zundu, outro líder quilombola, cujo quilombo, em Minas Gerais, foi destruído em 1760.

Nei Lopes e Wilson Moreira homenageiam ainda personagens destacados na Revolta dos Malês, que se deu em Salvador, na Bahia, em 1835. Malês era o nome dado aos africanos seguidores da religião islâmica que viviam na Bahia. Essa revolta foi precedida por inúmeras rebeliões de negros e mulatos escravos e libertos entre 1807 e 1835. Houve em 1835 sete importantes líderes muçulmanos, mestres malês acusados de participação na Revolta. Pertenciam às nações africanas dos nagôs e dos haussás. A letra homenageia Ahuna, Dandará (como ficou conhecido Elesbão do Carmo), Luís Sanin e Licutan (chamado de Pacífico), todos escravos. Vencidos no combate de Água dos Meninos e nos canaviais do Recôncavo Baiano, acabaram massacrados, inclusive com mortes por fuzilamento e devido a maus tratos.

"E os quilombolas de hoje em dia
'São candeia' que nos alumia."

Em um arroubo de exaltação, os autores associam "os quilombolas de hoje em dia" a Candeia, como ficou conhecido Antônio Candeia Filho (1935-1978), compositor, cantor e instrumentista, verdadeira luz da inspiração do Quilombo.

Wilson Moreira e Nei Lopes lançam, a seguir, um canto de estímulo aos negros para que continuem a lutar por inserção igualitária na sociedade brasileira, apesar de decorridos noventa anos de Abolição. Veja os versos "A igualdade o negro vai moldar com a própria mão"!

Registram que o negro "em luta pelo seu lugar ao sol/não é só bom de samba e futebol". Realmente, os negros muito contribuíram para a construção da nação denominada Brasil: nas Artes, nas Ciências, na Literatura, na Política, na Etnia, na Economia e também no futebol e no samba!

Vinte anos antes, no dia 28 de fevereiro, um domingo, dez escolas do Grupo I desfilaram na Candelária. Grande parte do desfile foi prejudicado pelo temporal que caiu sobre a cidade, o que não impediu a Mangueira de conquistar o bicampeonato.

Nesse ano, desfilou pela segunda vez no Grupo I o G.R.E.S. Unidos de Lucas, resultante da fusão da Unidos da Capela e da Aprendizes, tradicionais escolas da Leopoldina. Apelidada de <u>Galo de Ouro da Leopoldina</u>, tendo como cores o vermelho e o ouro; esta fusão aconteceu em 22 de abril de 1966.

Seu samba-enredo intitulava-se "Sublime Pergaminho", composto por Zeca Melodia, Nilton Russo e Carlinhos Madrugada.

Veja a letra, a seguir:

"Quando o navio negreiro

Transportava os negros africanos

Para o rincão brasileiro

Iludidos com quinquilharias

Os negros não sabiam

Ser apenas sedução

Para serem armazenados

E vendidos como escravos

Na mais cruel traição

Formavam irmandades

Em grande união

Daí nasceram os festejos

Que alimentavam os desejos de libertação

Era grande o suplício

Pagavam com sacrifício

A insubordinação

E de repente uma lei surgiu

Que os filhos dos escravos

Não seriam mais escravos do Brasil

Mais tarde raiou a liberdade

Daqueles que completassem

Sessenta anos de idade

O sublime pergaminho

Libertação geral

A princesa chorou ao receber

A rosa de ouro papal

Uma chuva de flores cobriu o salão
E um negro jornalista
De joelhos beijou a sua mão
Uma voz na varanda do Paço ecoou
Meu Deus, meu Deus
Está extinta a escravidão."

É um belíssimo samba-enredo que segue a linha inaugurada pelo Salgueiro em 1960, com o memorável "Quilombo dos Palmares".

Na realidade, os negros africanos que vinham para o Brasil não eram "iludidos com quinquilharias." No próprio continente africano já eram escravizados e remetidos nos <u>tumbeiros</u> para o Brasil e outras sociedades escravistas americanas.

A propósito, a denominação de tumbeiro dada a embarcações envolvidas com o tráfico negreiro é bem emblemática: a palavra é derivada de <u>tumba</u>, ou sepultura, tal a quantidade de negros que morria na viagem.

"Formavam irmandades
Em grande união
Daí nascerem festejos
Que alimentavam o desejo
De libertação
Era grande o suplício
Pagavam com sacrifício
A insubordinação."

Já os versos anteriores referem-se a formas de organização das lutas dos negros escravos. Uma delas foram as irmandades religiosas. Destacou-se a <u>Irmandade de Nossa Senhora do Rosário e São Benedito dos Homens Pretos,</u> organizada na cidade do Rio de Janeiro, por volta de 1639. Outras irmandades foram criadas em Belém (1682), Salvador (1685) e Recife, todas no século XVII e voltadas para o culto de N.S. do Rosário. Estas e inúmeras surgidas depois constituíam órgãos de luta contra a exploração do negro. Elas chegaram inclusive a poder alforriar, mediante indenização ao proprietário, os escravos que eram maltratados. Os versos também denunciam que os negros escravos "pagavam com sacrifício a insubordinação." Embora muitos autores afirmem ser o <u>negro dócil</u>, ele lutou constantemente. Fala-se apenas no <u>Quilombo de Palmares</u>, quando, de fato, existiram centenas de quilombos, pequenos ou grandes, mas sempre constituindo ilhas de liberdade na sociedade escravista brasileira.

"E de repente,
Uma lei surgiu
E os filhos dos escravos
Não seriam mais escravos
No Brasil."

Nos versos anteriores, o trio de compositores reproduz a visão que, em geral, os livros didáticos transmitem quanto à Lei 2040, de 28 de setembro de 1871. Conhecida como <u>Lei Rio Branco</u> e <u>Lei do Ventre Livre</u>, determinando que "os filhos da mulher escrava, que nascerem no Império desde a data desta lei, serão considerados de condição livre." Acontece que o parágrafo 1º dessa lei estatuía que "os ditos filhos menores ficarão em poder e sob a autoridade dos senhores de suas mães, os quais terão obrigação de criá-los e tratá-los até a idade de oito anos. Chegando o filho da escrava a esta idade, o senhor da mãe terá a opção, ou de receber do Estado a indenização de seiscentos mil réis ou de utilizar-se dos serviços do menor até a idade de 21 anos completos."

Como se vê, era uma ilusão a liberdade concedida. E a empulhação da legislação posterior, mencionada nos versos seguintes, continua:

"Mais tarde raiou a liberdade
Pra aqueles que completassem
Sessenta anos de idade."

A Lei 3270, de 28 de setembro de 1885, conhecida como <u>Lei dos Sexagenários</u> e <u>Lei Saraiva-Cotegipe</u>, considerava liberto o escravo que tivesse 60 anos ou mais. Contudo, ficavam "obrigados à título de indenização pela sua alforria, a prestar serviços a seus ex-senhores pelo espaço de três anos."

"O sublime pergaminho
Libertação geral
A princesa chorou ao receber

A rosa de ouro papal
Uma chuva de flores cobriu o salão
E o negro jornalista
De joelho beijou a sua mão."

Nesses versos finais, existe clara exaltação da Lei 3353, de 13 de maio de 1888, denominada Lei Áurea e pelos compositores cognominada de sublime pergaminho Tudo culminando com a princesa Isabel (1846-1921) – cujo nome completo era Isabel Cristina Leopoldina Augusta Micaela Gabriela Rafaela de Bragança – e o beija-mão do "negro jornalista". Este era José Carlos do Patrocínio (1853-1905), poeta, jornalista, membro da Academia Brasileira de Letras. Dele falaremos quando analisarmos o samba de enredo "O Gigante Negro da Abolição à República", cantado pela Unidos de Cabuçu, no ano de 1979. Os autores referem-se à rosa remetida pelo papa Leão XIII (1878-1893) como recompensa pela abolição da escravatura.

"Meu Deus, meu Deus
Está extinta a escravidão."

Assim termina o samba-enredo da Unidos de Lucas. A resposta pode estar na letra dos versos de Hélio Turco, Jurandir e Alvinho, compositores da Estação Primeira de Mangueira. No dia 14 de fevereiro de 1988, no Sambódromo, os integrantes da popular verde e rosa cantaram e sambaram os "Cem anos de liberdade, realidade ou ilusão", cuja letra transcrevemos a seguir:

"Será...
Que já raiou a liberdade
Ou se foi tudo ilusão?
Será...
Que a Lei Áurea tão sonhada
Há tanto tempo assinada
Não foi o fim da escravidão?
Hoje dentro da realidade
Onde está a liberdade
Onde está que ninguém viu

Moço

Não se esqueça que o negro também construiu   BIS

As riquezas do nosso Brasil

Pergunte ao Criador

Quem pintou esta aquarela

Livre do açoite da senzala

Preso na miséria da favela

Sonhei

Que Zumbi dos Palmares voltou

A tristeza do negro acabou

Foi uma nova redenção

Senhor...

Eis a luta do bem contra o mal   BIS

Que tanto sangue derramou

Contra o preconceito racial

O negro samba

Negro joga capoeira

Ele é o rei   BIS

Na verde e rosa

da Mangueira."

Esta samba-enredo é um dos mais belos compostos para os desfiles de Carnaval. Podemos considerá-lo como uma composição poética contendo inúmeras denúncias a afirmativas enganosas da sociedade brasileira.

Desde os primeiros versos os autores questionam se "já raiou a liberdade ou foi tudo ilusão?" Indagam e praticamente respondem corretamente "que a Lei Áurea tão sonhada/Há tanto tempo assinada/Não foi o fim da escravidão?/ Hoje dentro da realidade/Onde está a liberdade/Onde está que ninguém viu?".

Estas frases-denúncias constituem candentes interrogações sobre fenômeno histórico ainda permanente na sociedade brasileira: os versos são do século XX, mas neste século XXI, em seu alvorecer, a imprensa, vira e mexe, noticia a existência de trabalho escravo nos seringais, nas fazendas, nos garimpos, nas carvoarias e na derrubada de matas. A Comissão Pastoral da Terra (CPT), conforme publicou a "Folha de São Paulo", em 6 de abril de 2003, proclamou a existência de 25.000 escravos no Brasil.

É bem verdade que, como prática social legalmente constituída, não mais existe. Contudo, o Estado brasileiro tem se revelado inoperante no combate a essa criminosa prática que se mantém e se alastra sob o manto da impunidade.

> "Moço
> Não se esqueça que o negro também construiu
> As riquezas do nosso Brasil."

Esses versos registram que não se pode continuar ignorando a significativa contribuição da etnia negra, seja com o seu trabalho escravo ou livre, na construção deste país. Seja nas lavouras, nas indústrias, no comércio, nos campos de batalha, nos esportes, nas artes, nas ciências, enfim, em todos os setores formadores da nossa sociedade tem sido ponderável a participação dos negros e negras, descendentes daqueles que foram arrancados violentamente do continente africano.

Em poucos versos, os autores até invocam o Criador para responder por que, mesmo livres "do açoite da senzala", vivem presos "na miséria da favela."

Invocam ainda a volta de Zumbi, símbolo da consciência negra, para restaurar a alegria de viver em "nova redenção."

Denunciam, enfim, a permanência de uma mazela, sempre encoberta e até negada, da praga do preconceito racial.

Realmente esta composição poética da Mangueira é um pungente libelo sobre a participação do negro na sociedade brasileira.

No Domingo de Carnaval de 1996, o dia 18 de fevereiro, a Passarela do Samba, assistiu empolgada ao desfile do G.R.E.S. Acadêmicos do Salgueiro. Foi a quarta escola do Grupo Especial que se apresentou, com o samba-enredo "Anarquistas, sim, mas nem todos". Márcio Paiva, Adalto Magalha, Eduardo e Quinho são os autores da melodia da vermelho e branco, cuja letra transcrevemos a seguir:

"Hoje eu vou cantar
Me acabar nessa canção
Meu Salgueiro em festa vem mostrar
A influência de uma civilização.

Do sonho nasce a realidade
Em cada chão de uma cidade
Em cada braço, em cada mão

Itália, Fonte da Civilidade
Da cultura e da religião
Com sua fé conquistou a multidão
No momento tão divino
O vinho tem a sua tradição
O imigrante veio em busca de riqueza
A colônia virou mito
Nessa terra brasileira

Se liga, meu bem, vem nessa também
O Salgueiro faz a 'massa' e não tem   BIS
pra ninguém

A princesa com a sua união
Trouxe a arte para delírio da nação
O teatro e o cinema
O sindicato para a profissão
Com o circo a magia, Carnaval é alegria

A nossa emoção tá solta no ar
Vem, meu amor, se acabar
O meu coração não vai agüentar
Ver essa galera delirar."

O samba-enredo dos Acadêmicos do Salgueiro tem como eixo o movimento migratório europeu ocorrido no século XIX, exaltando particularmente aspectos da influência do imigrante italiano na formação da sociedade brasileira.

"Itália, fonte da civilidade/da cultura e da religião/com sua fé conquistou a multidão" são versos relacionados aos imigrantes italianos que vieram para o Brasil desde fins do século XIX. Atraídos pela possibilidade de encontrarem trabalho, riquezas e prosperidade vieram aos milhares. Procediam, na sua maioria, das áreas rurais, do norte e do sul da Península Italiana e acreditavam nas promessas de autoridades interessadas na política de branqueamento da sociedade.

Isso mesmo! O fim do tráfico negro e o crescimento da Campanha Abolicionista, somados à influência do Darwinismo Social, levaram o governo brasileiro a incrementar uma política de imigração subvencionada, sobretudo de italianos, alemães, espanhóis e portugueses.

A propósito, Darwinismo Social é uma escola de pensamento segundo a qual o processo de evolução descrito por Charles Darwin (1806-1882) aplica-se também às sociedades humanas. Estas estão sujeitas a um processo de seleção natural em virtude do qual somente os mais aptos sobrevivem. De acordo com os partidários dessas idéias, eram os brancos os mais aptos seres humanos porque representavam a raça superior, detentora dos princípios civilizatórios.

"Através dos debates nos órgãos de governo e em obras literárias e ensaísticas, consolidou-se a opção pelo elemento que deveria ser aceito na sociedade brasileira – o branco. A preferência inicial recaiu, inicialmente, nos católicos, posteriormente relaxada, mas permaneceu a prioridade da 'raça' branca (...) As idéias 'civilizacionistas' prevaleceram considerando-se o europeu o único elemento capaz de atender ao projeto de construção da nação brasileira – branca, moderna, civilizada." (VAINFAS, RONALDO et allii. Op.cit., pág. 353).

A influência da imigração italiana se fez sentir na composição étnica da sociedade brasileira, nos costumes, na produção cultural e na economia, como acentuam os versos assinalando que "o vinho tem sua tradição" em Bento Gonçalves, Garibaldi, Caxias do Sul e Santa Maria, cidades existentes em terras gaúchas.

Outra contribuição do fluxo migratório italiano foi a criação de núcleos coloniais, como registram os versos "A colônia virou mito/nessa terra brasileira." É inegável que os sambistas da vermelho e branco devem ter se inspirado na Colônia Cecília, fundada no Paraná, em 1889, por um grupo de anarquistas italianos, liderados pelo jornalista e agrônomo Giovanni Rossi (1856-1943). Vinham, na maioria, do norte da Itália, atraídos pela possibilidade de acesso à terra, embora predominassem colonos de origem operária. Mesmo assim, desenvolveram a vitivinicultura e a fabricação de sapatos e barricas. Entretanto, em 1894, a Colônia Cecília acabou chegando ao fim porque os colonos foram seduzidos pelas condições de vida de cidades vizinhas. Igualmente pesou a violenta intervenção de tropas do Exército durante a Revolução Federalista (1892-1895), além de terrível epidemia de crupe, assim vitimando muitos colonos.

A escritora Zélia Gatai, viúva de Jorge Amado, é filha de Ernesto Gattai, que viveu algum tempo na Colônia Cecília.

"A princesa, com a sua união/trouxe a arte para delírio da nação" são versos indicativos do casamento de D. Pedro II (1825-1891) com Tereza Cristina Maria de Bourbon das Duas Sicílias (1822-1889). Conhecida como "A Mãe dos Brasileiros", muito influiu para a ida de Rodolfo Bernardelli, Victor Meirelles, Carlos Gomes, Pedro Américo e outros artistas brasileiros irem estudar na Itália. Além disso, ao viajar para o Brasil, trouxe em sua comitiva vários intelectuais e artistas, como Luigi Vincenzo de Simoni, um dos fundadores da Academia de Medicina.

"O teatro e o cinema" também receberam contribuições de italianos, como os irmãos Pascoal e Alfonso Segreto, Adolfo Celli, Gabrielle Tinti, Vittório Capellaro, Paolo Benedetti, Mário Civelli, Ugo Chiarelli e uma infinidade de artistas, diretores, roteiristas, produtores e fotógrafos nascidos na Itália, mas enriquecendo a cultura brasileira, ainda que chegados em épocas distintas.

Ao se referir ao sindicato, os autores sintetizam a imensa participação do imigrante italiano no avanço do movimento operário no Brasil. Com os imigrantes, sobretudo italianos e espanhóis, chegou o Anarquismo, movimento político contra o Estado, a propriedade privada e tudo o que cerceia a liberdade. Foram os anarquistas que organizaram os primeiros sindicatos e greves operárias. Para propagação de suas idéias fundaram jornais, organizaram peças de teatro, reuniram assembléias e lutaram contra o Estado opressor. Muitos foram presos, deportados e até mortos pelos defensores da ordem existente.

Pena que os sambistas esqueceram ter sido por puro italianismo que nasceram, em 1914, a Societá Sportiva Palestra Itália, em São Paulo, e, em 1921, a Societá Sportiva Palestra Itália, em Belo Horizonte. Com a Segunda Guerra Mundial (1939-1945) e a declaração de guerra do governo brasileiro à

Itália, os dois clubes passaram a se chamar Sociedade Esportiva Palmeiras e Cruzeiro Esporte Clube.

Lembraríamos, ainda, que Carnaval, a festa mais popular do Brasil, é uma palavra derivada do italiano carnevale, vocábulo do dialeto milanês que significa tempo de divertimento.

No Carnaval de 2000, o último do século XX, o G.R.E.S. Unidos do Porto de Pedra apresentou o samba-enredo "Ordem e Progresso, amor e folia no milênio de fantasia". Seus autores são Ricardo Góes, Ronaldo Soares, Fernando de Lima, Chocolate e Silvão.

Claramente buscaram inspiração nas idéias dominantes em segmentos sociais hegemônicos nos primórdios da República Brasileira. Inegavelmente era influente nos círculos republicanos a ideologia do Positivismo, filosofia criada pelo francês Augusto Comte (1798-1857) e exposta no livro *Curso de filosofia positiva* que apresentou o Positivismo como uma filosofia das ciências. Considera que a história humana se caracteriza por três estados: o religioso, o metafísico e o positivista, através dos quais se dá a evolução. Comte afirmava que o Estado deveria manter a ordem social para que houvesse progresso, devendo o governo ser forte e confiar aos capitalistas a direção econômica da sociedade. Sabe-se que, desde 1844, as idéias positivistas tiveram seus adeptos no Brasil, mas foi na década de 1870 que se fundou a primeira sociedade positivista no país, tendo como um dos principais defensores da filosofia de Comte o coronel Benjamin Constant Botelho de Magalhães (1836-1891). Este, em 1872, tornou-se professor da Escola Militar na capital do Império e, em meio às suas aulas, propagava os ideais positivistas entre os alunos. Em 1888, passou a presidir o Clube Militar e, com a proclamação da República, dirigiu o Ministério da Guerra e, depois, a Secretaria de Estado da Instrução Pública, Correios e Telégrafos. Foi um dos principais divulgadores do pensamento positivista "o amor por princípio, a ordem por base e o progresso por fim."

Igualmente importantes propagadores das idéias positivistas foram os pensadores Raimundo Teixeira Mendes (1855-1927) e Miguel Lemos (1854-1917). Ambos integravam o grupo de intelectuais fundadores da Sociedade Positivista do Rio de Janeiro, em 1878, a que também pertencia Benjamin Constant. Viajando à França, converteu-se ao Positivismo Religioso e recebeu o grau de aspirante ao sacerdócio da Humanidade. Ao retornar ao Brasil, reativou e presidiu a Sociedade Positivista do Rio de Janeiro. Já dominado pelas idéias da Religião da Humanidade, rompeu com a entidade que dirigia e, juntamente com Teixeira Mendes, fundou a <u>Igreja Positivista do Brasil</u> ou <u>Apostolado Positivista do Brasil</u>. A atuação do Apostolado tinha como objetivos essenciais conquistar novos adeptos e participar ativamente dos negócios públicos. Daí o apoio aos movimentos abolicionista e republicano.

Podemos afirmar que, inegavelmente, os positivistas contribuíram para a elaboração de diversos símbolos republicanos, destacando-se o mito de Tiradentes, a construção de monumentos públicos dos denominados <u>heróis da pátria</u> e a inscrição <u>Ordem e Progresso</u> da bandeira nacional.

Foi no dia 5 de março, um domingo, que a Passarela do Samba assistiu ao desfile do Porto da Pedra cantando o seguinte samba-enredo:

"Brilhou no céu
O ideal da liberdade
O país querendo ser feliz
Sonhou com a igualdade
Mas sem união e amor
Não dá pra melhorar
Os republicanos
Buscaram na França
Idéias pro Brasil mudar
E sem se importar
Com o apoio do povo
Poder queriam conquistar
Ordem e progresso têm que produzir
A união e fé (com muita fé)
Mas sem amor não vai construir
A integração que quer
O povo fez-se independente
'Caminhou',
Com muito amor fez a folia
E nossa cultura agitou
Se povo e governo pudessem brindar
Um elo de amor e paz

Na festa dos 500 anos
Não separar jamais
Sacode a cidade, levante o astral
É a Porto da Pedra nesse Carnaval
Com ordem, progresso, amor e folia
Saudando o milênio, tudo é fantasia."

Como se vê, os versos traduzem a esperança dos que acreditavam ser o regime republicano necessário para concretizar a melhoria da sociedade brasileira através da liberdade, da felicidade e da igualdade. Com "união e amor" haveria tal melhoria inspirada em idéias buscadas na França. Foi a Revolução Francesa que difundiu os ideais de liberdade e de igualdade, bem como da felicidade defendida por Jean-Jacques Rousseau (1712-1778) como fundamental para garantir a liberdade e a igualdade dos homens. Foi da França que igualmente procederam as idéias positivistas de "ordem e progresso" para o povo brasileiro poder produzir com "união e fé". Lembram os compositores que "o povo fez-se independente" e "caminhou", "nossa cultura agitou" sugerindo a necessidade da união do "povo e governo" para poder "brindar um elo de amor e paz/na festa dos 500 anos", "saudando o milênio, tudo é fantasia."

No dia 29 de fevereiro de 1976, o G.R.E.S. Em Cima da Hora, que ficou em 13° lugar e foi rebaixado para o 2° Grupo, apresentou um dos sambas-enredo mais bonitos de todos os Carnavais. Composto por Edeor de Paula, chama-se "Os Sertões" e se refere ao trágico episódio de Canudos.

Canudos foi um episódio marcante da sempre ocultada ou minimizada luta de camadas subalternas da sociedade brasileira contra a opressão das classes dirigentes.

A denominação Canudos fora dada a uma fazenda existente junto ao rio Vaza Barris. Nela, o beato Antônio Vicente Mendes Maciel (1830-1897), mais conhecido como Antônio Conselheiro, fundara a povoação de Belo Monte, que chegou a ter uma população de cerca de 30.000 habitantes. A crise econômico-financeira que atingiu o país nos primórdios da República havia agravado as condições de vida das populações mais carentes. A emigração para o sul tornava-se difícil. A crescente concentração da propriedade fundiária forçava o êxodo rural, gerando o subemprego nas cidades do litoral. Importante nesse contexto foi estar presente no imaginário dos sertanejos de Canudos o denominado milenarismo: neste, a chegada do novo milênio trazia a esperança de tempos melhores em que os bons, os humildes e os justos seriam recompensados com o Reino dos Céus. Acreditando nas palavras e práticas de Antônio Conselheiro, considerado verdadeiro santo, milhares de sertanejos afluíram a Belo Monte, a Tróia de Taipa, como batizou Euclides da Cunha.

A campanha desencadeada pelas oligarquias baianas contra o reduto sertanejo teve como eixo a falsa acusação de ser aquela localidade um foco monarquista e, portanto, uma ameaça à novel República. Na realidade, Antônio Conselheiro condenava o regime republicano por ter legalizado o casamento civil em detrimento do casamento religioso, além de haver criado um Estado separado da Igreja Católica. Afirmava ainda que os novos impostos, aprovados pelo governo republicano, agravavam as condições de vida da população, que, por isso, não deveria pagá-los.

Preocupadas com o crescimento de Canudos, as autoridades baianas solicitaram a intervenção do Exército naquele núcleo em que vigorava a propriedade coletiva dos meios de produção, onde a vida era igual para todos.

Nos anos de 1896 e 1897, sucederam-se quatro expedições militares contra os sertanejos de Belo Monte. Somente a última foi vitoriosa, quando até homens, mulheres e crianças foram degolados pelos vencedores.

Terminou assim mais uma tentativa de estabelecer um projeto político, econômico e social que contraditava as estruturas então dominantes.

Veja a letra de "Os Sertões", neste Carnaval em que, pela última vez, o desfile foi na avenida Presidente Antônio Carlos:

"Marcado pela própria natureza

O Nordeste do meu Brasil

Oh! Solitário sertão

De sofrimento e solidão

A terra é seca

Mal se pode cultivar

Morrem as plantas e foge o ar

A vida é triste nesse lugar

Sertanejo é forte

Supera miséria sem fim

Sertanejo homem forte

Dizia o poeta assim

Foi no século passado

No interior da Bahia

Um homem revoltado com a sorte

Do mundo em que vivia

Ocultou-se no sertão

Espalhando a rebeldia

Se revoltando contra a lei

Que a sociedade oferecia

Os jagunços lutaram

Até o final

Defendendo Canudos

Naquela guerra fatal."

Certamente o autor desse samba-enredo consultou *Os Sertões*, escrito por Euclides da Cunha (1866-1909) e considerado obra-prima fundamental sobre Canudos. Nele, Euclides da Cunha divide seu estudo em três partes: <u>A Terra, O Homem, A Luta</u>.

Edeor de Paula, ao compor "Os Sertões", também obedeceu à trilogia euclidiana.

Começa citando "O Nordeste do meu Brasil", região geográfica que se estende do Maranhão à Bahia, onde foi construído Belo Monte. Do verso "Oh! Solitário sertão", ao que afirma ser "a vida triste nesse lugar", continua caracterizando <u>A Terra</u>!

De Paula prossegue na inspiração euclidiana cantando <u>O Homem</u> nos versos "Sertanejo é forte/Supera miséria sem fim/Sertanejo homem forte/ Dizia o poeta assim."

A trilogia completa-se com os versos seguintes, que se referem à luta do sertanejo que vivia "no interior da Bahia/Um homem revoltado com a sorte/ Do mundo em que vivia." Foi justamente no sertão que se localizou Belo Monte, cujos habitantes começaram a contestar leis da novel República, o que deu margem a se espalhar a notícia da comunidade ser uma ameaça ao regime republicano.

Em nenhum momento De Paula foi "contaminado" pela visão da História Oficial sem abandonar a linha de um samba-exaltação, de letra e melodia bem inspiradas.

Pode-se mesmo levantar a hipótese de que o sambista da Em Cima da Hora sutilmente criticava a situação em que viviam amplas camadas da sociedade brasileira naquela época da ditadura militar.

No mesmo dia, mês e ano, ou seja, em 29 de fevereiro de 1976, o G.R.E.S. Unidos do Jacarezinho apresentou "Canudos, histórias de sua gente", samba-enredo composto por Meireles, Guaraci, Moreira e Thompson. A rosa e branco adentrou na Avenida Antônio Carlos pelo Grupo 2, classificando-se em sétimo lugar.

Veja a letra:

"É lindo apresentar

A história deste povo nordestino

Imigrantes, sertanejos

Que tiveram cruel destino

Estes retirantes

Num ponto do norte da Bahia

Criaram uma norma de viver

E fizeram surgir

O Arraial de Canudos

Onde viram tudo renascer

Antônio Conselheiro já dizia

Pregoando em sua religião

Em profecias ele falava

No fim da miséria do sertão

Oh! Virgem do Rosário

Senhora do mundo

Dê-me um coco d'água

Senão eu vou ao fundo

O bravo povo de Canudos

Suportando as perseguições

Repelia com fibra e valentia
As investidas das expedições
Lutaram com heroicidade
Vendendo caro a liberdade
Na luta travada nos sertões
Antônio Vicente Mendes Maciel
Chegando a Santa Cruz
Ao lado do altar
Viu no rosto da Virgem
Lágrimas de sangue
A rolar
Oh! Virgem do Rosário..."

Com uma linha poética bem diferente da adotada pelos sambistas da Última Hora, os compositores da Unidos do Jacarezinho valorizaram a luta dos sertanejos de Canudos e a pregação religiosa de Antônio Vicente Mendes Maciel. Enfatizaram ainda a tragédia vivida por muitos habitantes do Sertão Nordestino, "suportando as perseguições" e mergulhados na miséria, mas repelindo "com fibra e valentia, as investidas das expedições" militares, "vendendo caro a liberdade, na luta travada" em Belo Monte.

No Carnaval de 1997, o G.R.E.S. União da Ilha do Governador, apresentou-se no dia 10 de fevereiro, uma segunda-feira, perante o público que lotava o Sambódromo com o samba-enredo "Cidade Maravilhosa, o sonho de Pereira Passos".

Bujão, Carlinhos Fuzil e Wanderley Novidade são os autores desse belo samba-enredo que se refere às mudanças urbanísticas e sanitárias ocorridas sob a administração do prefeito Francisco Pereira Passos (1902-1906), incumbido pelo presidente Francisco de Paula Rodrigues Alves de empreender reformas na cidade do Rio de Janeiro, então capital federal. Esta política visava tornar a cidade adequada a diretrizes modernizadoras claramente influenciadas pelo capital internacional.

"O Rio de Janeiro era, até então, uma cidade colonial, sem infra-estrutura sanitária adequada, recortada por ruelas estreitas e com sobrados cuja existência dificultava a circulação do ar. Essas características favoreciam a divulgação, no exterior, de uma propaganda negativa, qualificando-a como insalubre. Tais características comprometiam o seu papel de centro econômico dinamizador, retraindo, portanto, a captação de recursos externos." (AQUINO et allii. *Sociedade brasileira: uma História através dos movimentos sociais – da crise do escravismo ao apogeu do Neoliberalismo*, Rio de Janeiro: Editora Record, 2000, pág. 184).

As diretrizes de modernidade tomaram como modelo o projeto de remodelação da cidade de Paris, a <u>Cidade Luz</u> capital da França. Este projeto fora executado pelo prefeito George-Eugène Haussmann, conforme determinação do imperador Napoleão III (1852-1870).

A remodelação implicou a maior marginalização de camadas populares, cuja existência era considerada incompatível com os princípios modernizadores. Daí a visão expressada nas duas denominações que caracterizam a política urbanística de Pereira Passos: <u>Regeneração</u>, como foi chamada pelos círculos governantes, ao passo que popularmente ficou conhecida como <u>Bota-Abaixo</u>, epíteto que reflete a derrubada indiscriminada de elevado número de habitações coletivas, tanto estalagens quanto cortiços. Em conseqüência, deu-se o crescimento do número de favelas na capital, além de aumentarem os problemas e o descontentamento das camadas populares que sofreram o impacto da política oficial.

Se para muitos identificados com a política modernizadora autoritária o Rio de Janeiro civilizou-se, esse clima de violentação do viver das camadas populares foi denunciado nas crônicas de João do Rio, como ficou conhecido o escritor Paulo Barreto (1881-1921) e nos romances de Afonso Henriques de Lima Barreto (1881-1922).

Todas essas diretrizes autoritárias e arbitrárias foram reforçadas pela política sanitária adotada, visando acabar com as epidemias de doenças, em especial a peste bubônica, a varíola e a febre amarela.

O resultado foi a explosão de vários movimentos sociais genericamente denominados <u>Revolta da Vacina</u>, que, infelizmente, os autores do samba-enredo reduziram a um simples e vago verso: "Dei muita porrada (eu dei)".

Vejamos, então, a composição de Bujão, Carlinhos Fuzil e Wanderley Novidade:

"O meu pensamento voa
Me leva ao infinito

Vou girando meu compasso
Passo a régua e mudo o traço
fazendo o Rio ficar mais bonito.

Botei tudo abaixo (botei)
Levantei poeira (levantei)
Dei muito porrada (eu dei)
Taí o Rio que sonhei.

O carioca...
Ah! O carioca está contente
A alegria bailou no ar
Gozando de boa saúde, muda de atitude
O esporte já pode praticar
no jogo da bola (com muito prazer)
o banho de mar (se tornou lazer)

Fiz brilhar...
Pintei meu Rio qual retrato de Paris
Com a cidade iluminada
O carioca tem a noite mais feliz
Mostrando ao mundo a riqueza nacional,
Meu Rio agora é <u>Belle Époque</u> tropical

A burguesia me levou ao Teatro Municipal
Berço de boêmios seresteiros
Fervilham os bares do meu Rio de Janeiro
Amanheceu...
Amanheceu, floresceu um novo dia
Vou passear, extravasar minha alegria
De bem com a vida eu tô ô ô ô...
É lindo meu carnaval
E hoje o Rio se tornou cartão-postal.

Lá vem a Ilha que vem

Toda gostosa também

Cantando o Rio, Cidade Maravilhosa."

Os autores do samba-enredo, imbuídos de acentuado lirismo e de amor à cidade do Rio de Janeiro, referem-se à reforma arquitetônica nos versos "Vou girando meu compasso/Passo a régua e mudo o traço/fazendo o Rio ficar mais bonito."

De maneira sutil aludem ao <u>Bota-Abaixo,</u> de Pereira Passos, ao contarem "Botei tudo abaixo (botei)/Levantei poeira (levantei)."

Registram ainda a alegria do carioca bailando no ar e "gozando de boa saúde", podendo jogar futebol e tornar o banho de mar um lazer.

A seguir, traduzem o encantamento dos sambistas da União da Ilha ao produzirem versos calçados em narrativas históricas imbuídas do espírito dominante na <u>Belle Époque</u> carioca.

"A burguesia me levou ao Teatro Municipal" denuncia o caráter elitista dos freqüentadores do Teatro inaugurado em 1909, projetado pelo filho de Pereira Passos e com decoração feita por pintores e escultores renomados, quando da gestão do prefeito Francisco de Souza Aguiar.

E, assim como hoje, do lado de fora do Teatro Municipal, "boêmios seresteiros" fervilham nos bares do Rio de Janeiro, a Cidade Maravilhosa, como afirmou o escritor Henrique Coelho Neto (1864-1934), continua linda.

Em novembro de 1910, na baía de Guanabara, explodiu a <u>Revolta da Chibata.</u> Liderado pelo marinheiro João Cândido Felisberto (1880-1969), que passou à História como <u>O Almirante Negro,</u> o movimento envolveu os encouraçados <u>Minas Gerais,</u> <u>São Paulo</u> e <u>Deodoro</u> e o cruzador <u>Bahia.</u>

Na noite de 22 de novembro de 1910, Hermes da Fonseca, presidente da República, juntamente com a família, estava calmamente assistindo à opera <u>Tannhaüser,</u> de Wagner, quando dois tiros de canhão foram ouvidos. Explodindo no centro da cidade, janelas e vidraças se quebraram com o estrondo que anunciava a revolta dos marinheiros.

A própria denominação deixa implícito o caráter da Revolta: ainda que proibida desde o Império, a chibata continuava a ser empregada nos castigos físicos impostos pela oficialidade da Marinha às faltas cometidas pelos marinheiros.

Deve-se assinalar que o Decreto nº 3, de 16 de novembro de 1889, do Governo Provisório, aboliu o uso da chibata na Marinha. Não obstante, o Decreto nº 328, de 12 de abril seguinte, estabeleceu que "faltas graves seriam punidas com 25 chibatadas". O castigo tornava-se mais desumano, porque a chibata ou chicote era reforçado com agulhas de aço.

Diversas manifestações da marujada não impediram que tal prática continuasse a ser aplicada na Marinha.

Segundo algumas fontes, teria havido reuniões de marinheiros com militantes anarquistas, o que contribuiu para reforçar o espírito de luta dos marinheiros. Admite-se, ainda, que a Revolta do encouraçado Potenkim, em 1905, na Rússia, foi um exemplo da necessidade de luta dos marinheiros contra arbitrariedades do comando.

Não há dúvidas, porém, que a ida à Inglaterra de João Cândido e de um grupo de marinheiros para aprender a manejar o encouraçado <u>Minas Gerais</u> e outros navios, encomendados pela Marinha brasileira a empresas inglesas, contribuiu para estimular a politização dos futuros rebeldes.

Nos estaleiros de New Castle, a marujada assistiu a reuniões sindicais. "Os brasileiros conheceram um dos mais politizados e organizados proletariados do mundo. Na Inglaterra, tomaram conhecimento do forte movimento pela melhora da situação do pessoal que vivia nos conveses de baixo, levado a cabo pelos marinheiros ingleses entre os anos de 1903 e 1906, com a ajuda da imprensa britânica." (GRANATO, FERNANDO. *O negro da chibata – o marinheiro que colocou a República na mira dos canhões*, Rio de Janeiro: Editora Objetiva, 2000, pág. 20). Certamente se conscientizaram das condições desumanas em que viviam, submetidos a longas jornadas de serviço, tendo baixa remuneração e péssima alimentação a bordo.

Mais do que nunca, aprenderam as distinções de classe, entre a oficialidade branca, proveniente da classe média alta e a marujada, na sua maior parte negra e mulata, semi-analfabeta e oriunda de camadas populares da sociedade.

O estopim para a revolta foi a aplicação de 250 chibatadas no marinheiro Marcelino Rodrigues de Menezes, que servia no encouraçado Minas Gerais.

Caso não fossem atendidos no pedido de fim do uso da chibata na Marinha, ameaçavam bombardear a cidade. Diante da ameaça, o Senado aprovou legislação revogando os castigos corporais e anistiando os revoltosos.

Quase a seguir, o governo autorizou o ministro da Marinha a dar baixa a marinheiros, o que implicou uma <u>punição branca</u> para muitos dos marinheiros que haviam sido anistiados.

Já em dezembro, no dia 4, 22 marinheiros foram presos sob a acusação de prepararem nova sublevação. As prisões continuaram e as celas da ilha das Cobras ficaram lotadas. Diante disso, o Batalhão Naval, atual Corpo de Fuzileiros Navais, revoltou-se no dia dez de dezembro, mas, a ferro e fogo, os rebelados acabaram sendo vencidos.

Ainda não tendo participado deste motim, João Cândido e 17 companheiros foram recolhidos, durante 18 meses, em celas separadas e com um mínimo de ventilação. Somente sobreviveram dois marujos, sendo João Cândido um deles.

"Quatrocentos e vinte dos anistiados foram amontoados nos porões do navio Satélite e enviados para a Amazônia. Fuzilamentos sucederam-se durante a viagem. Não poucos dos sobreviventes acabaram vendidos como escravos aos seringalistas.

João Cândido, que, juntamente com muitos companheiros, fora encarcerado na ilha das Cobras, conseguiu escapar à morte por asfixia provocada por cal virgem arremessada nas masmorras onde estavam aprisionados. Sobreviveu, mas foi internado no Hospital Nacional de Alienados, onde permaneceu como louco durante quase dois anos.'"(AQUINO <u>et alli</u>. <u>Op.cit</u>, pg. 190 e 191).

A propósito dessa revolta houve dois sambas-enredos. Em 1983, Sila do Reco-Reco e Tibúrcio compuseram "A Revolta da Chibata" para o desfile do Grêmio Recreativo de Arte Negra Escola de Samba Quilombo.

Eis a letra:

"Quilombo tem cultura e tradição
Quilombo é motivo de exaltação
Vamos exaltar o marinheiro
Que em lutar foi o primeiro na libertação
Vindo do Rio Grande
Para o Rio de Janeiro
Filho de família pobre
De um velho preto tropeiro

Navegando pelas águas do oceano
Comandando uma grande embarcação
Tornou-se um prisioneiro
Por ter sido o pioneiro da revolução

Em vinte dois de novembro
De mil novecentos e dez
Marcava uma grande recepção
Ao marechal Hermes da Fonseca
Por ter sido consagrado
O novo presidente da nação

Liberdade
Gritavam os marujos na beira do cais
Em homenagem a João Cândido
Que a chibata não volte jamais

E os heróis
Generais Tibúrcio e Sampaio
Que lutavam bravamente
Na guerra do Paraguai

Salve Bahia, São Paulo e Minas Gerais
Salve o navegante negro
Que hoje descansa em paz."

A preocupação com a participação do elemento negro no contexto da sociedade brasileira, um dos objetivos determinantes da criação da Quilombo, está presente tanto na escolha do personagem-tema do samba-enredo, como nos versos iniciais de música:

"Quilombo tem cultura e tradição
Quilombo é motivo de exaltação."

A letra do samba-enredo revela o cuidado dos autores em pesquisar informações sobre a vida de João Cândido Felisberto, marinheiro negro que liderou a Revolta da Chibata. Gaúcho, filho de João Cândido Velho, tropeiro, veterano que participou da Guerra do Paraguai, assim como os generais Antônio Tibúrcio Ferreira de Souza (1837-1885) e Antônio de Sampaio (1810-1866), patrono da Arma de Infantaria.

Até mesmo a referência ao dia 22 de novembro de 1904, data da posse do presidente Hermes da Fonseca e do início da Revolta, está correta.

De maneira sutil, os autores colocam o verso "Salve a Bahia, São Paulo e Minas Gerais", aparentemente saudando três estados no Brasil.

Na verdade, Bahia, São Paulo e Minas Gerais eram o nome das belonaves de guerra que se sublevaram contra os castigos físicos ainda imperantes na Marinha.

Quem sabe não seria uma maneira engenhosa de criticar a violência da ditadura militar existente (1964-1985)?

Possivelmente a referência ao "navegante negro" ocorreu por imposição da censura que não aceitou chamar João Cândido de Almirante Negro, denominação que lhe foi dada por ter sido o primeiro marujo negro do mundo a tomar para si o comando de uma esquadra.

Em 1985, foi a vez do G.R.E.S. União da Ilha, na noite de 17 de fevereiro, apresentar-se no Sambódromo com o samba-enredo "Um herói, uma canção, um enredo". Seus autores são Didi, Aritana e Aurinho da Ilha, como ficou conhecido Áureo Campagnac de Sousa.

"Lá na minha aldeia
Já não canta a chibata
Sangrando a Guanabara
Um dia
Um novo Dragão Verdes Mares
Bailando nos mares e lares
Um lenço era o meu espadim

Unindo à negrura
Sacrifício e destemor   (bis)

Se o sangue assina a tortura
O sangue se apaga com amor

E viu o cais sorrir
O mulherio vibrando de alegria
E viu também um batalhão
Cheio de feitiço e de magia

A mentira veio no fantasma da anistia
O amor nunca afogou
As ondas que agitam a liberdade
O vento que passou
Só ventou saudade
Iemanjá sentiu no ar
O cheiro do meu Brasil   (bis)
Tempera o meu vatapá

O samba hoje impera
Frevo e Bumba-Meu-Boi

O que vem da terra
Não encerra quem se foi

Taí, Elis, Taí
Olha o feiticeiro negro
Na Sapucai."

Os sambistas da azul, branco e vermelho compuseram o samba-enredo em plena conjuntura da <u>Campanha das Diretas-Já</u>, que prenunciava o estertor da ditadura militar, com uma letra politicamente mais engajada que o samba-enredo da Quilombo, de 1983.

Há uma referência a João Cândido, o Almirante Negro que liderou os marinheiros contra aristocráticos oficiais da Marinha, adeptos de empregar a chibata contra marujos acusados de faltas graves:

"Um novo Dragão Verdes Mares
Bailando nos mares e lares."

Dragão do Mar era o apelido de Francisco José do Nascimento jangadeiro cearense, que, em 1884, se recusou a transportar escravos em sua embarcação. Por sua atitude desassombrada, é apontado como libertador de escravos. João Cândido, para os autores do samba-enredo, seria o novo libertador de escravos: os marinheiros, na sua maioria negros, mulatos e tratados como verdadeiros escravos.

A seguir, os versos colocam o contraste da pele negra dos marujos castigados com o sangue que brotava das feridas abertas pela chibata.

Há uma crítica explícita quando os autores registraram que "A mentira veio no fantasma da anistia". Realmente, logo após a aprovação da anistia, o governo iniciou o expurgo de marinheiros considerados indisciplinados, segundo a elitista oficialidade.

O trio de compositores igualmente inclui em seus versos a cantora Elis Regina (1945-1982) que, em 1974, gravou o belíssimo samba "O Mestre-sala dos mares". Composto por João Bosco e Aldir Blanc, constitui uma homenagem ao Almirante Negro.

A beleza constante na maior parte do samba-enredo acabou sendo sufocada pelos versos finais, pois misturam "cheiro do meu Brasil", "vatapá", "frevo", "bumba-meu-boi", "feiticeiro negro" e "Sapucaí".

Talvez seja a razão da Escola ter ficado com o 12º lugar no desfile realizado no Sambódromo.

Em 20 de fevereiro de 1977, em pleno domingo de Carnaval, o G.R.E.S. Mocidade Independente, a popular verde e branco, apresentou na avenida Presidente Vargas o samba-enredo "Samba marca registrada". Pertencente ao Grupo I, a escola de Padre Miguel teve Dico da Viola e Jurandir Pacheco como autores do samba-enredo, cuja letra transcrevemos a seguir.

"Através dos tempos
Que o nosso samba despontou
Trazido pelos africanos
Em nosso país se alastrou
Foi Donga que tudo começou

Com um lindo samba 'pelo telefone' se comunicou

E no limiar do samba

Que beleza, que fascinação

Na casa da Tia Ciata

Oh como o samba era bom (sem sair do tom)

Dança o batuque

Ao som da viola

Cai no fandango

Dá umbigada na dança de roda

Grandes sambistas mostraram seu valor

Ismael Silva, Carmem Miranda, Noel e Sinhô

Mas surgiram as escolas de samba

O ponto alto do nosso Carnaval

E o nosso samba evoluiu

E se tornou marca registrada do Brasil."

O samba-enredo da verde e branco homenageia o samba que se converteu na principal manifestação musical da cultura brasileira, como assinalam os versos "o nosso samba evoluiu/e se tornou marca registrada do Brasil."

Embora com raízes urbanas e rurais africanas e em vários estados do Brasil, o samba, como gênero musical e dança popular, nasceu na cidade do Rio de Janeiro. Vejam os versos, a seguir:

"Através dos tempos

Que o nosso samba despontou

Trazido pelos africanos

Em nosso país se alastrou

Foi Donga que tudo começou."

Realmente, na chamada <u>Cidade Nova</u>, verdadeiro prolongamento da Bahia na cidade do Rio de Janeiro e ponto de convergência dos morros da Providência, da Gamboa, de São Carlos e da Saúde, viviam muitos negros de origem africana. Por isso, chamava-se o local de <u>Pequena África</u>.

Boa parcela desses negros procedia da Bahia. Exerciam eles as profissões mais diversas, alguns vivendo de biscates e até de golpes.

Nessa comunidade havia mulheres bastante populares: as Tias Baianas. Era em suas casas que homens e mulheres reuniam-se para beber e dançar. Algumas dessas Tias Baianas eram quituteiras famosas e até mães-de-santo. Suas casas eram chamadas de terreiros ou centros de culto do candomblé (sincretismo de catolicismo e religiões africanas).

Dentre as Tias Baianas, a mais afamada foi <u>Tia Ciata</u> ou <u>Tia Asseata</u>, como ficou conhecida Hilária Batista de Almeida (1854-1924), nascida em Salvador e vindo para o Rio de Janeiro, em 1876. Em sua casa, havia o terreiro, consultas, pagode, bebidas e saborosos quitutes. Veja os versos:

"Que beleza, que fascinação

Na casa da Tia Ciata

Oh como o samba era bom (sem sair do tom)".

Os compositores da verde e branco registram seu depoimento ao afirmarem:

"Foi Donga que tudo começo

Com um lindo samba 'pelo telefone' se comunicou."

Dico da Viola e Jurandir Pacheco usam uma linguagem figurada para consignarem ter sido "pelo telefone" que um "lindo samba se comunicou". Na realidade, "Pelo Telefone" é o nome daquele que é considerado o primeiro samba gravado cuja partitura foi registrada como samba carnavalesco na Biblioteca Nacional, em 27 de novembro de 1916, por Donga, apelido de Ernesto Joaquim Maria dos Santos (1889-1974),. Músico e compositor carioca, ficou com a fama, e os direitos autorais da composição musical que foi feita coletivamente por ele, José Barbosa da Silva, conhecido como <u>Sinhô</u> (1888-1930), Tia Ciata, Mauro de Almeida, o <u>Perú dos Pés Frios</u> (1882-1956) e João Batista da Silva (marido de Tia Ciata). O samba fez grande sucesso no Carnaval de 1917, para isso muito contribuindo a gravação realizada pelo popular cantor <u>Baiano</u>, o Manuel Pedro dos Santos (1887-1944).

"Pelo Telefone" tem uma história polêmica. Além da controvérsia sobre sua autoria, existem diversas letras a ele atribuídas, assim como inúmeros gêneros musicais para designá-lo: tango, modinha, samba carnavalesco.

Os versos "Grandes sambistas mostraram o seu valor/Ismael Silva, Carmem Miranda, Noel e Sinhô".

Ismael Silva (1905-1978), compositor e cantor carioca, é autor de sambas antológicos ("Se você jurar", de 1931, gravado pela dupla Mário Reis - Francisco Alves) e foi um dos fundadores da Deixa Falar, a primeira escola de samba do Rio de Janeiro. Compositor e instrumentista carioca, o Sinhô, um dos autores de "Pelo Telefone", foi um dos fundadores do Ameno Resedá, famoso rancho carnavalesco, teve composições conhecidíssimas, como "O Pé de Anjo", "Ora vem só", "Gosto que me enrosco" e "Jura". Noel Rosa, como ficou popularizado Noel de Medeiros Rosa (1910-1937), carioca, cantor e um dos maiores compositores brasileiros, autor de inúmeros sambas, marchas, choros, valsas, fox-trots, emboladas e canções, destacando-se "Feitio de oração", "Feitiço da Vila", "Fita Amarela", "Três Apitos" e "O Orvalho Vem Caindo". Por fim, Carmem Miranda (1909-1955), batizada Maria do Carmo Miranda da Cunha, foi uma das mais famosas cantoras brasileiras, embora nascida em Portugal. Trabalhou em filmes brasileiros. Em 1939 foi para os Estados Unidos, onde estrelou em várias películas e cantou e dançou em inúmeros shows em cidades norte-americanas.

"Mas surgiram as escolas de samba
O ponto alto do nosso Carnaval."

Em 12 de agosto de 1928, criou-se o Deixa Falar, historicamente considerada a primeira escola de samba do Rio de Janeiro. Um dos seus fundadores, como já vimos, foi Ismael Silva, que reuniu os principais compositores do bairro do Estácio de Sá.

O Deixa Falar. "nunca foi escola de samba. Foi, na verdade, um bloco carnavalesco (e, mais tarde, um rancho) (...) que, por ter sido fundado pelos sambistas considerados professores do novo tipo de samba, ganhou o título de escola de samba." (CABRAL, SÉRGIO. *As escolas de samba do Rio de Janeiro*, Rio de Janeiro: Lumiar Editora, s/d, pág. 41).

Logo outros blocos carnavalescos passaram a se chamar escolas de samba. Assim aconteceu com a Estação Primeira de Mangueira, o Vai Como Pode, de

Oswaldo Cruz, que depois se transformaria na Escola de Samba Portela, e a Unidos da Tijuca.

Foi no Carnaval de 1932 que se realizou o primeiro desfile de escolas de samba. O local foi a Praça Onze, dele participando 19 agremiações, sendo vencedora a Mangueira. Era um dia 7 de fevereiro, e a competição não tinha chancela oficial, tendo patrocínio do jornal <u>Mundo Sportivo</u>.

"Nessa época não havia samba de enredo, como hoje conhecemos. Durante o desfile, dois ou três refrões eram cantados pela escola, enquanto os mestres de canto (versadores) improvisavam os versos da segunda e terceira partes do trajeto." (VIEIRA, LUÍS FERNANDO. <u>Sambas da Mangueira</u>, Rio de Janeiro: Editora Revan, 1998, pág. 16).

Foi nesse desfile que pela primeira vez se deu o uso da cuíca na bateria de uma escola de samba.

Em 1975, no dia 9 de fevereiro, o G.R.E.S. Portela desfilou na avenida Antônio Carlos, no sentido da avenida Beira-Mar para a Praça XV de Novembro. Integrando o Grupo I, apresentou o samba-enredo "Macunaíma, herói de nossa gente" composto pelos sambistas David Antônio Corrêa e Norival Torquato Reis, que valeu à escola o quinto lugar no desfile.

Este samba-enredo evoca <u>Macunaíma</u>, personagem criado por Mário de Andrade (1889-1945), um dos principais intelectuais do <u>Modernismo</u>, em obra idêntica ao título desta música da Portela, a tradicional escola de cores azul e branco.

O Modernismo foi um movimento cultural que teve como datas marcantes os dias 13, 15 e 17 de fevereiro de 1922, quando, no Teatro Municipal da cidade de São Paulo, apresentaram-se poetas, prosadores, músicos, pintores, escultores e gravadores que expunham sua produção artística, expressando a derrubada dos valores estéticos academicistas então dominantes. Para as camadas dirigentes da chamada República Velha (1889-1930), tradicionais oligarquias conservadoras e ligadas a valores culturais europeus, os artistas contestadores, que integravam a Semana de Arte Moderna, eram <u>loucos varridos</u>.

O tempo, porém, mostrou que aquelas noites de fevereiro de 1922 seriam inesquecíveis para uma platéia que ouviu músicas de Heitor Villa-Lobos (1887-1959), textos de Oswald de Andrade (1890-1954) e Mário de Andrade, poemas de Manuel Bandeira (1886-1958), admirou esculturas de Victor Brecheret (1894-1955) e pinturas de Anita Malfatti (1896-1964), de Tarsila do Amaral (1890-1973) e de Emiliano Augusto Cavalcanti de Albuquerque Mello, mais conhecido como Di Cavalcanti (1897-1976).

Foi um verdadeiro escândalo o que aconteceu, inclusive com parte dos espectadores apupando os artistas que se apresentavam no palco.

No mesmo ano de 1922, em que o governo organizou festejos para comemorar o centenário da Independência, deu-se, em março, a fundação do Partido Comunista do Brasil e, no mês de julho, ocorreu a Revolta do Forte de Copacabana, marcando o início do Movimento Tenentista.

A seguir, a letra do samba-enredo "Macunaíma, herói de nossa gente":

"Vou-me embora, vou-me embora
Eu aqui volto mais não
Vou morar no infinito
E virar constelação

Portela apresenta (breque)
Portela apresenta do folclore tradições
Milagres do sertão, a mata virgem
Assombrada com mil tentações

Ci, a rainha mãe do mato
Macunaíma fascinou
Ao luar se fez poema
Mas ao filho encarnado
Toda maldição legou

Macunaíma, índio branco, catimbeiro
Negro sonso, feiticeiro
Mata a cobra e dá um nó (bis)

Ci, em forma de estrela
A Macunaíma dá
Um talismã que ele perde

E sai a vagar (ora e encanta)
Canta o uirapuru e encanta

Liberta a mágoa de seu triste coração
Negrinho do Pastoreio foi a sua salvação
E derrotando o gigante
Era uma vez Piaimã
Macunaíma volta com o Muiraquitã
Marupiara na luta e no amor
Quando sua pedra para sempre
O monstro levou
O nosso herói assim cantou."

A evocação ao texto da obra de Mário de Andrade está presente em muitos versos do samba-enredo.

Assim acontece nos primeiros versos que cantam o fim de Macunaíma: partiu para o céu e virou constelação da Ursa Maior, segundo Mário.

"Vou-me embora, vou-me embora
Eu aqui volto mais não
Vou morar no infinito
E virar constelação."

Os versos seguintes também se referem à história de Mário de Andrade ao afirmar que "Portela apresenta do folclore tradições" e canta:

"Ci, a rainha mãe do mato
Macunaíma fascinou."

Realmente, entrando no mato, o herói de nossa gente encontrara sua linda mulher – ou cunhã – que era a Mãe do Mato, com ela tendo um filho. Ela, porém, partiu e no céu virou a estrela Beta. O filho encarnado – possivelmente referência à cor vermelha usada como pintura cultural por muitos índios – acabou morrendo e, na sua sepultura, nasceu o guaraná.

Desesperado, Macunaíma se lamentou, até que uma ave, enviada pelo Negrinho do Pastoreio, o salvou, acabando com a sua tristeza.

"Canta o uirapuru e encanta
Liberta a mágoa de seu triste coração
Negrinho do Pastoreio foi a sua salvação."

Os autores, sempre inspirados no romance de Mário de Andrade, falam da saga de Macunaíma, que enfrentou Piaimã (gigante comedor de gente que vivia em São Paulo), volta com Muiraquitã (um amuleto) e Marupiara na luta e no amor.

Em língua tupi, Marupiara é a pessoa feliz nos amores. Mas seria Macunaíma realmente <u>marupiara</u> ou, na verdade, um <u>panema</u> (pessoa enfeitiçada e infeliz nos amores)?

Afinal, desde que perdeu Ci, a Mãe do Mato não mais achou graça nesta terra e foi morar no infinito.

Em 1992, quando se comemoravam 70 anos da Semana de Arte Moderna, Djalma Branco, Deo, Maneco e Caruso, sambistas do G.R.E.S. Estácio de Sá compuseram o samba-enredo "Paulicéia desvairada – 70 anos de Modernismo no Brasil" para o desfile de Carnaval no Sambódromo.

Foi no dia 2 de março, uma segunda-feira, que a escola vermelho e branco tornou-se campeã do Grupo Especial.

"Eu vi o arco-íris clarear
O céu da minha fantasia
No brilho da Estácio a desfilar
A brisa espalha no ar
Um buquê de poesia
Na Paulicéia desvairada, lá vou eu
Fazer poemas e cantar minha emoção
Quero a arte pro meu povo
Ser feliz de novo
E flutuar nas asas da ilusão
Me dê, me dá, me dá, me dê

Onde você for, eu vou com você
Lá vem o trem do caipira
Prum dia novo encontrar
Pela terra, corta o mar
Na passarela a girar
Músicos, atores, escultores
Pintores, poetas e compositores
Expoentes de um grande país
Mostraram ao mundo o perfil do brasileiro
Malandro, bonito, sagaz e maneiro
Que canta e dança, pinta e borda e é feliz
E assim transformaram os conceitos sociais
E resgataram pra nossa cultura
A beleza do folclore
E a riqueza do barroco nacional
Modernismo, movimento cultural
No país da tropicália
Tudo acaba em carnaval."

Os versos traduzem a ambição dos participantes da Semana de Arte Moderna, ocorrida em São Paulo, no Teatro Municipal, de criar uma <u>nova arte</u> em contraposição aos valores estéticos cultuados pelas elites da Primeira República.

Versos do samba-enredo deixam evidente essa ambivalência: os artistas pretendiam uma arte para o povo e não para as elites.

"Na Paulicéia desvairada lá vou eu
Fazer poemas e cantar minha emoção
Quero a arte pro meu povo
Ser feliz de novo
E flutuar nas asas da ilusão."

Outros versos referem-se explicitamente a uma das mais populares criações do músico Heitor Villa-Lobos: "O trenzinho do caipira", composto para violoncelo e piano.

"Lá vem o trem do caipira
Prum dia novo encontrar."

Para os autores o avanço do trem do brasileiro do interior – o caipira – desembocaria em um novo tipo de sociedade criada de <u>dentro para fora</u> e sem os <u>vícios da imitação de fora</u>.

A letra aponta os artistas como "expoentes de um grande país": o Brasil. A eles, coube mostrar o brasileiro autêntico, "que canta e dança, pinta e borda e é feliz."

Lembraríamos, ainda, que *Paulicéia Desvairada* é o título de uma obra de Mário de Andrade, um dos principais expoentes do Modernismo e da Semana de Arte Moderna.

Exaltam os autores do samba-enredo o papel dos artistas que resgataram a nossa cultura e até "transformaram os conceitos sociais", inclusive valorizando a "beleza do folclore e a riqueza do barroco nacional."

Curiosamente, no entanto, os últimos versos são contraditórios porque colocam o <u>Modernismo</u>, movimento de exaltação de valores brasileiros, junto com a Tropicália, movimento de fins da década de 1960, claramente influenciado pelo <u>rock</u> norte-americano e seu instrumental.

Os tropicalistas "acabaram chegando à tese que repetia no plano cultural a do governo militar de 1964 no plano político-econômico. Ou seja, a tese da conquista da modernidade pelo simples alinhamento às características do modelo importador de pacotes tecnológicos prontos para serem montados no país." (TINHORÃO, JOSÉ RAMOS. *História Social da Música Popular Brasileira*, Lisboa: Editorial Caminho, 1990, pág. 258).

Capítulo 4

DA REVOLUÇÃO DE 1930 AOS TEMPOS ATUAIS

Prof. Luiz Sergio Dias

A década dos anos trinta pode ser caracterizada pela ocorrência de uma aceleração do processo histórico brasileiro. Com o golpe desfechado em outubro de 1930, o mecanismo político até então predominante, uma verdadeira rotação das elites – dita Política dos Governadores – se não foi inteiramente liquidado, à força cedeu lugar a uma nova composição de poder. Assentado, o novo bloco de poder foi, aos poucos, se afirmando em uma aparente posição acima das classes sociais, valendo-se da liderança paternalista de Getúlio Vargas, que não abriu mão do autoritarismo, qualidade essencial do seu suporte teórico. Assim, implantava-se no Brasil uma alternativa de poder que se apresentava como necessária e superior ao finado domínio oligárquico travestido de regime representativo.

A *Era de Vargas*, assim denominada, pode ser reconhecida por duas propostas fundamentais: a modernização do país e um acordo político capaz de proporcionar a harmonia e a paz entre as classes sociais. Em outras palavras, uma versão nativa do caminho prussiano para o capitalismo, caracterizando a imposição de uma ordem transformadora de cima para baixo.

Note-se que as propostas varguistas não deixaram de enfrentar obstáculos, dentre os quais a reação oligárquica paulista em 1932, o levante armado liderado pela Aliança Nacional Libertadora (ANL), em 1935, e a tentativa integralista de um golpe de mão, em 1938. A implantação do Estado Novo (1937 – 1945) foi justificada como necessária para consolidar o processo modernizante e, principalmente, como exigência para alcançar tal objetivo.

Durante os quinze anos em que Getúlio Vargas pontificou na vida política brasileira (1930-1945), a cidade do Rio de Janeiro ganhou uma projeção nacional que ultrapassou a sua condição de centro das principais decisões governamentais. Aos poucos, a imagem que a capital passava para muitos brasileiros era efetivamente a de uma <u>cidade maravilhosa</u>.

Embora a capital paulista já a sobrepujasse quanto ao potencial econômico, a capital federal era bastante conhecida também por sua face urbanística moderna, com destaque para a Esplanada do Castelo, a Avenida Presidente Vargas, o prédio do Ministério da Educação e Cultura, entre outros exemplos. Ao mesmo tempo, os cine-jornais do Departamento de Imprensa e Propaganda (DIP) divulgavam pelo país afora os desfiles militares ou de escolares e trabalhadores em ruas ou estádios apinhados de gente, enquanto a Rádio Nacional levava diariamente pelo ar notícias e entretenimento ao país inteiro. Com isso, a imagem do Rio de Janeiro tornava-se soberana àquela que cada um tinha da sua própria cidade. O Rio de Janeiro era, em verdade, um objeto simbólico em construção, fruto do desejo autoritário: o <u>centro do Brasil</u>.

A par disso, o crescimento da população carioca, entre 1930 e 1950, foi bastante significativo, pois passou de 1.380.000 para 2.336.000 habitantes nesse espaço de tempo. Fato digno de nota, então, era a cada vez mais acentuada expansão dessa população, tanto em direção à Zona Sul como rumo aos subúrbios, acompanhando as linhas férreas. O Rio de Janeiro não só crescia como também atraía novos habitantes. Tornara-se, a exemplo do Cristo Redentor, uma <u>cidade de braços abertos</u> e, com isso, notoriamente cosmopolita.

A partir da atração exercida pela imagem do Rio de Janeiro sobre parte considerável da população do país, deve ser destacada a figura do migrante nordestino. As possibilidades de trabalho na capital federal foram um motivo considerável para a acentuação do movimento migratório do Nordeste para o Sudeste. Em um estudo clássico sobre as desigualdades regionais brasileiras, Jacques Lambert, há quase quarenta anos, observou:

"A mobilidade da população brasileira já é bastante grande para que, em 1950, mais de 10% de brasileiros fossem recenseados fora dos Estados em que nasceram; em 1940, essa proporção era de apenas 8,5%. Naturalmente, nos Estados de emigração a proporção dos que nasceram foram do Estado é muito pequena, apenas 4% no Ceará e 6% em Pernambuco; nos Estados de imigração atinge cifras extremamente altas, 43% no Distrito Federal, 32,4 no Paraná e 12,6 em São Paulo. Cerca de dois milhões, aproximadamente 10%

do local dos que nasceram nos Estados da zona seca do Nordeste e da Bahia, tiveram que emigrar, em geral para o Sul."[1]

Dessa forma, a presença do nordestino como co-artífice do cosmopolitismo carioca é anterior à vulgarização dos caminhões pau-de-arara, celebrados pelo cantor e compositor nordestino Luiz Gonzaga. No caso do migrante nordestino chegado ao Rio de Janeiro até o final dos anos quarenta, não é crível que ele só tenha viajado de navio por um Ita da Companhia Nacional de Navegação Costeira, simplesmente a Costeira. Afinal, uma passagem de navio não deveria ser tão acessível ao homem nordestino de baixa renda. Mas o que importa no caso é lembrar daquele que *"pegou um Ita no norte pra vim pro Rio morar"*.

Quando, em 1945, o baiano Dorival Caymmi compôs "Peguei um Ita no Norte", quis idealizar a concretização de um sonho dos muitos migrantes que viam o Rio de Janeiro como a possibilidade concreta de realização da sua vida:

"Peguei um Ita no norte
 Pra vim pro Rio morar.
 Adeus meu pai, minha mãe
 Adeus Belém do Pará.
 Ai, ai, ai, ai.
 Adeus Belém do Pará
 Adeus Belém do Pará

 Vendi meus troços que eu tinha
 O resto dei pra *guardá*
 Talvez eu volte por ano
 Talvez eu fique por lá."

Se havia um sonho na mente de tantos jovens do Norte[2], o Ita simbolizava os navios da Companhia Nacional de Navegação Costeira, que eram, em

---

[1] LAMBERT, Jacques – Os dois Brasis. São Paulo: Cia. Editora Nacional, Brasiliana (335), 2ª. ed, 1967, p. 76.

[2] O termo "norte" é, ainda hoje, empregado para designar não apenas a região geográfica que denomina, mas também o Nordeste. "Eu sou do norte" tornou-se uma referência genérica às duas regiões, em particular muito mais ao Nordeste. O mesmo pode ser considerado com relação ao emprego do termo "paraíba" designando não o estado da federação, mas o migrante nordestino em geral.

muitos casos, os transportadores de sonhos. Essa empresa foi criada em 1942, resultado da desapropriação pelo governo do patrimônio da Companhia Laje & Irmãos. Itapé, Itanagé, Itassucé, Itapagé, Itaimbé foram, entre outros, navios da Costeira que, basicamente, faziam a navegação de cabotagem no Brasil. Disso resultou o termo Ita. A Costeira foi absorvida pelo Loide Brasileiro, em 1966.

Com um título inspirado na música de Caymmi, a Acadêmicos do Salgueiro animou o seu Carnaval em 1993, com um samba-enredo assinado por nada menos do que seis autores, Demá Chagas, Arizão, Celso Trindade, Bala, Guaracy e Quinho:

"Lá vou eu
Me levo pelo mar da sedução (sedução)
 Sou mais um aventureiro
Rumo ao Rio de Janeiro
Adeus Belém do Pará
Um dia eu volto, meu pai
Não chore, pois vou sorrir
Felicidade, o velho Ita vai partir!
Oi, no balanço das ondas, eu vou
No mar eu jogo a saudade, amor
O tempo traz esperança e ansiedade
Vou navegando em busca da felicidade
Em cada porto que passo
Eu vejo e retrato em fantasia
Cultura, folclore e hábitos
Com isso refaço minha alegria
Chego ao Rio de Janeiro
Terra do samba, da mulata e futebol
Vou vivendo o dia a dia
Embalado na magia
Do seu Carnaval
Explode coração
Na maior felicidade

É lindo meu Salgueiro

Contagiando e sacudindo esta cidade."

Em abono aos compositores salgueirenses, o que se pode dizer com base nesse samba-enredo é que eles se comportaram como bons alunos de Dorival Caymmi. A partir da associação do mar – tão cara à obra do poeta baiano – com a idéia da sedução, a saga do migrante é narrada. A esperança de quem parte compensa a tristeza de quem fica: *"Um dia eu volto, meu pai. Não chore, pois vou sorrir"*. O mar e o tempo, como metáforas para a viagem em busca da felicidade, conformam as novidades que, a cada porto, parecem antecipar o objetivo desejado: o Rio de Janeiro. Como era Carnaval, não se pode afirmar que os autores cometeram um pecado ao entender a capital federal, dos anos quarenta, já como a *"terra do samba, da mulata e futebol"*. Nada tão sério assim!

Da deposição de Getúlio Vargas, em outubro de 1945, com a conseqüente liquidação do Estado Novo, até o fim do século passado, o país viveu momentos de instabilidade política e, principalmente, a interrupção por vinte e um anos da continuidade do seu débil regime representativo com a imposição da brutal ditadura controlada por militares (1964-1985).

Nesses mais de sessenta anos de vida política, algumas evidências podem ser percebidas, frutos que são dos embates que os caracterizaram. Uma delas é a redução progressiva da intensidade dos movimentos sociais que, à exceção daqueles surgidos no campo, passam a imagem de acomodação e conformismo políticos. O comportamento do proletariado urbano, por exemplo, está longe da fase pioneira dos anarquistas e, mais proximamente, da arregimentação no imediato pós-Estado Novo, estimulada pelo PCB. Mesmo o engajamento do movimento sindical durante o governo João Goulart demonstrou sua fragilidade diante da ação golpista que levou à ditadura iniciada em 1º de abril de 1964.

Restaram, como de costume, movimentos episódicos que empolgaram, a exemplo de sedentos com as chuvas de verão. Foram os casos, por exemplo, da Marcha dos Cem Mil, das Diretas Já e do movimento pelo impeachement de Collor. Em tempo, não custa lembrar que as greves no ABC paulista, em 1978, vertente da formação do PT, pouco deixaram como prova viva de continuidade de organização operária. Tristemente, constata-se que o próprio sindicalismo dá provas de perda de combatividade, além de inegável enrijecimento burocrático. São os chamados anos difíceis.

Nesse quadro histórico, a cidade do Rio de Janeiro também sofreu transformações. Deixou de ser a capital do país, em 1960, com a inauguração de Brasília, enfrentando a partir de então um progressivo esvaziamento econômico, refletido, entre outros aspectos, na perda de importância do seu porto e no aumento da economia informal. Ao crescimento da sua população correspondeu igual fenômeno no tocante a parcelas consideráveis de trabalhadores de baixa renda que, sem muitas alternativas, contribuíram para a proliferação de comunidades faveladas, vistas preconceituosamente como modelos de banditismo e de tráficos de drogas, e não como parte efetiva da cidade como de fato o são, com seus antagonismos internos e específicos.

Pois foi justamente em várias dessas comunidades que surgiram as escolas de samba, a partir do final dos anos vinte. Elas também não ficaram imunes às transformações sofridas pela sociedade carioca. Com o passar do tempo, deixaram de ser instituições representativas das suas comunidades de origem. Algumas delas acabaram se transformando em verdadeiras empresas, fazendo parte de instrumentos da chamada "vocação turística do Rio de Janeiro". Como tantos outros organismos, as escolas de samba contêm em si vários antagonismos. Se a verdadeira invasão branca de classe média sujeitou-as ao gigantismo e à presença massiva de sambeiros, de outro lado a lucratividade e o prestígio de dirigentes não foi capaz de suprimir a presença negra nos desfiles. A bateria, as baianas e o samba no pé não prescindem da presença dos herdeiros das raízes culturais das escolas de samba.

Quanto aos seus compositores, pode-se afirmar que eles continuam a ser um dos principais suportes da engrenagem dos desfiles carnavalescos. Não importa se as exigências de sambas-enredo com andamento mais rápido tornaram-se constantes, se os temas são cada vez mais variados, indo do cotidiano da cidade até a exaltação de empresas ou de governos municipais. O que conta, em verdade, é que competência e criatividade para compor samba-enredo não são artigos que se encontrem em qualquer hora ou lugar.[3]

Essas qualidades, por sinal, costumam ser comprovadas a partir da divulgação do tema do enredo pelo carnavalesco da escola. Por mais cedo

---

[3] "Para fazer um enredo é preciso pesquisar, daí a ala dos compositores acabar tendo uma cultura enorme, porque eles, na procura de dados para fazerem sambas totalmente diferentes uns dos outros, vão para bibliotecas, vão para vários lugares e acabam tendo um cabedal de conhecimentos muito grande. Tanto que eles gostam muito e dizem, e é uma verdade, que *samba é cultura.*" TRINTA, Joãozinho in *Psicanálise Beija-Flor. Joãozinho Trinta e os analistas do colégio.* Rio de Janeiro: *A outra* Editora /Livraria Taurus, 1985, p. 16.

que isso ocorra, para os compositores aquele momento é o início de uma competição; primeiramente envolvendo a sua ala e, por fim, a escolha do vencedor por parte de um júri interno. A exibição da composição vencedora durante o desfile carnavalesco representa o último ato dessa competição, na qual a consagração ou o esquecimento costumam ser as respostas públicas ao esforço de meses e meses.

Nos últimos trinta anos, um aspecto singular do universo dos sambas-enredo merece destaque: trata-se daquelas composições que cantam temas do seu próprio tempo. Embora não se possa afirmar que algo semelhante nunca tenha ocorrido, vários sambas-enredo compostos a partir dos anos setenta abordaram um período histórico de pouco mais de vinte anos, cantando temas que iam desde a louvação da ditadura até demonstrações de esperança, com a retomada da democracia, incluindo a expectativa com relação à Constituição de 1988.

A Beija-Flor de Nilópolis foi, nesse particular, protagonista de uma situação no mínimo bastante insólita. Fundada em 1948, desfilou no 1º Grupo pela primeira vez em 1974, obtendo a 7ª colocação com o samba-enredo "Brasil. Ano 2000." Quando do seu último desfile no 2º grupo, no ano anterior, defendera o tema *Educação para o desenvolvimento,* e, em 1975, foi novamente a 7ª colocada com o samba-enredo *Grande Decênio.* Ou seja, independentemente do grupo em que desfilou, a Beija-Flor, durante três anos seguidos, apresentou-se com temas abertamente favoráveis à ditadura controlada pelos militares. Com esses sambas não ganhou qualquer dos três desfiles, mas, em 1976, foi campeã com "Sonhar com rei dá leão", uma sátira ao jogo do bicho, justamente um *métier* dos patronos da escola.

Os dois primeiros sambas-enredo mencionados foram compostos durante o governo Médici (1969 – 1974), justamente uma etapa da troca de guarda ditatorial em que ao crescimento econômico verificado correspondeu ao período mais duro da repressão política. Sustentada pela chamada tríplice aliança – governo, capitais nacionais e investimentos externos –, a política econômica governamental permitiu, por seu crescimento, a proclamação de um Milagre Econômico, sem alardear, no entanto, a velocidade assumida pela crescente concentração de renda no país. Amparado por esse trunfo econômico, o governo ditatorial desfechou uma campanha de propaganda difundindo a imagem do Brasil Grande. Foi o momento do *ninguém segura este país,* quando um fervor nacionalista de encomenda gerado pela Assessoria Especial de Relações Públicas, órgão da Presidência da República, inundou o país – via Embratel e pela tv em cores – com mensagens otimistas, ao mesmo tempo em que omitia ao grande público a afirmação do ministro Antônio Delfim Neto de que era necessário *fazer o bolo crescer para depois dividi-lo.*

A par dessa cínica metáfora, outra face da realidade ditatorial pouco se mostrava, oculta que estava por uma censura eficaz e favorecida pelo alheamento de grande parte da sociedade brasileira, mesmo que se pondere que algumas frestas possibilitaram o vazamento de alguns dados da brutalidade que imperava no universo controlado pelo Departamento de Operações Internas – Centro de Operações de Defesa Interna (DOI – CODI).

Como costuma ocorrer, as torturas, mortes e atentados, seqüestros, exílios, cerceamento brutal dos direitos básicos, são vistos não, como parte da política, mas como excrescências dela e, por isso, devem ser postas á margem da normalidade. Assim, ao esquecimento que foi, aos poucos, se estendendo sobre a ditadura vivida, some-se uma atitude similar que vicejou no momento em que ela se deu. Em verdade, nem os criminosos nem os crimes são eternos: os primeiros morrem; os últimos são esquecidos.

Dessa forma, aqueles sambas-enredo da Beija-Flor, à falta de outros para serem julgados, são frutos da ocultação e, ao mesmo tempo, do esquecimento em relação ao seu próprio tempo; entendendo-se que à ocultação corresponde necessariamente a divulgação em sentido oposto. Se o indivíduo não se dispõe a buscar um mínimo de conhecimento sobre o seu tempo, alguém ou algo o fará por ele. Quanto mais autoritário e ditatorial for um regime político, maior será o seu empenho em controlar a veiculação de informações. Mas, ao contrário do que se possa admitir, em momento algum ele negará informações, difundidas como o que se deve e é necessário saber.

Desde a utilização massiva do cinema, do rádio e, mais modernamente, da televisão, a informação tornou-se um instrumento eficiente para muitos governos, além de uma mercadoria para o capital. Não há por que se iludir: em um espaço em que uma ditadura como a última brasileira criou uma realidade virtual, só a visão crítica pode atenuar os seus efeitos, mas não eliminá-los.

Em 1973, com o samba-enredo "Educação para o Desenvolvimento", a escola da Baixada Fluminense deu a partida à louvação de realizações da ditadura nesta composição assinada por Walter de Oliveira e João Rosa:

"Veja que beleza de nação
O Brasil descobre a educação

Graças ao desenvolvimento

E a reforma do ensino

O futuro, o amanhã

Está nas mãos destes meninos

Vamos exaltar

Vamos exaltar

As professoras

que ensinam o bê-a-bá

E relembremos os jesuítas

Os primeiros colégios criaram

Para dar aos brasileiros

Cultura e educação

Brasil terra extraordinária

Venham ver a nossa Cidade Universitária

Uni-duni-tê

Olha o ABC

Graças ao Mobral

Todos aprendem a ler."

Aqui, os compositores não perderam tempo, nem gastaram muito tinta: foram direto ao assunto. O mote indicado pelo título da composição remete à educação e, por extensão, ao Movimento Brasileiro de Alfabetização (Mobral). Criada em 1967, essa instituição pretendia enfrentar um dos mais graves problemas do Brasil: o analfabetismo. Ao contrário do trabalho anterior do educador Paulo Freire na mesma área, o Mobral entendia a leitura, a escrita e o cálculo como habilidades capazes de integrar o ex-analfabeto a sua comunidade, proporcionando-lhe melhores condições de vida. Nada da politização fundada na Pedagogia Crítica, como pretendeu o educador pernambucano. Preso, cassado e levado a outros países para continuar sua obra meritória, Freire não deixou de ter parte do seu instrumental pedagógico usado pelo Mobral, obviamente com fins distintos.

Inserido na gigantesca árvore de siglas gerada pelo governo militar, o Mobral prestou-se ao desempenho do papel de alavanca para o desenvolvimento preconizado pela ditadura. Dentro do aparelho estatal, articulou-se ao Projeto

Minerva, órgão do Serviço de Radiodifusão do MEC, com vistas ao alargamento da amplitude da sua ação pelo território brasileiro. Afinal, o rádio atingia, e ainda atinge, rincões dos mais distantes. O Mobral durou até 1985, quando foi extinto,. Não sem enfrentar uma Comissão Parlamentar de Inquérito (CPI), em 1975.

A lembrança dos jesuítas faz parte, como em tantos sambas-enredo, da pretensão histórica que muitos autores imprimem aos seus trabalhos. A menção a um fato remoto ligado ao presente por sua natureza é o suficiente para estabelecer uma ligação direta com o tempo exaltado na composição.

A ação catequética dos membros da Companhia de Jesus no Brasil deu-se a partir da chegada do primeiro governador-geral, Tomé de Souza, em 1549. Soldados religiosos que eram, animados pela fé, os jesuítas engajaram-se na luta pela expansão do catolicismo sob os auspícios de uma verdadeira cruzada animada pela Contra-Reforma. Desde os primeiros momentos na nova terra, os discípulos de Inácio de Loiola dedicaram-se à conquista das almas dos nativos brasileiros, vistos como reféns do primitivismo e ignorantes da existência de Deus.

Com disciplina e dedicação, os inacianos lançaram-se à conversão daqueles que consideravam como *uma folha de papel em branco*, em que as sementes da crença em Deus deveriam fertilizar, antes que as forças do mal o fizessem. A partir das <u>missões volantes</u> nos aldeamentos e, em particular, com as <u>escolas de ler-e-contar</u>, os jesuítas lançaram-se à árdua tarefa de *desasnar* os filhos da terra, incorporando-os ao universo cristão. Mais tarde, com a criação dos primeiros colégios, passaram a dar atenção à formação de novos religiosos, bem como a atender às mínimas exigências de instrução para os filhos dos poucos abastados da colônia. Até a segunda metade do século XVIII, a Companhia de Jesus atuou na colônia, quando, por ordem do marquês do Pombal, seus membros foram expulsos do Brasil.

O segundo passo na escalada da Beija-Flor no processo de exaltação da ditadura ocorreu no Carnaval seguinte. Com "Brasil Ano 2000" os mesmos autores do samba-enredo anterior animaram a azul e branco de Nilópolis, em 1974:

"É estrada cortando
A mata em pleno sertão
É petróleo jorrando
Com afluência do chão
Sim chegou a hora

Da passarela conhecer

A idéia do artista

Imaginando o que vai acontecer

No Brasil no ano dois mil

Quem viver verá

Nossa terra diferente

A ordem do progresso

Empurra o Brasil pra frente

Com a miscigenação de várias raças

Somos um país promissor

O homem e a máquina alcançarão

Obras de emérito valor

Na arte, na ciência e cultura

Nossa terra será forte sem igual

Turismo e folclore altaneiro

Na comunicação alcançaremos

O marco da potência mundial."

Já disputando o Carnaval no 1º grupo, os dirigentes da Beija-Flor devem ter avaliado que, naquela condição, não haveria razão para mudar o tema para o seu primeiro desfile na "turma de cima". E, nada melhor do que homenagear o governo ditatorial com um samba-enredo em que o presente fosse exaltado como uma promessa efetiva de um futuro grandioso para o país.

O ponto de partida da composição é a idéia de movimento, dando provas de que o Brasil estava *"indo pra frente"*: *"É estrada cortando a mata em pleno sertão/É petróleo jorrando com afluência do chão*. O presente era uma promessa efetiva para o futuro. A Transamazônica e os esforços da Petrobras no sentido de aumentar a extração e a produção de petróleo no Brasil eram provas evidentes de que o país estava mudando; sendo que, no caso do combustível, o esforço ocorria em uma conjuntura de crise no seu comércio internacional.

Com base em fatos evidentes, os autores colocam-se na posição de artistas, aqueles que criam e imaginam: *"Quem viver verá nossa terra diferente"*. E é justamente nessa antevisão que se dá a defesa da ditadura. É a *ordem do progresso* que movimenta as transformações por que passa o país. O futuro é certo. Quem viver verá, pois todo o demais contribuirá para isso: a miscigenação, o trabalho conjunto do homem e da máquina, a ciência e a cultura, a comunicação e até o turismo.

Se a Transamazônica ficou muito aquém do que foi previsto, tornando-se a Transamargura, se as agrovilas projetadas pouco saíram do papel, se os contratos de risco comprometeram, até 1990, os objetivos nacionalistas da Petrobras, tudo isso não poderia ser previsto pelos autores do samba-enredo. Eles, em verdade, desempenharam o papel de poetas que cantaram aquilo que lhes era vendido como verdade incontestável; aliás, como tantos outros em situações e épocas distintas.

No ano seguinte, foi completada a trilogia beija-flor com o samba-enredo "O Grande Decênio", da autoria de Bira Quininho. Nada melhor do que festejar os dez anos da ditadura no Carnaval de 1975, pelo menos por uma questão de coerência, pois quando se começa a incensar os poderosos, é importante saber o momento de parar de fazê-lo. É um risco que essa opção oferece. Assim, a comemoração do decênio ditatorial foi uma oportunidade de ouro para isso:

"É de novo Carnaval
Para o samba este é o maior prêmio
E a Beija-Flor vem exaltar
Com galhardia
O Grande Decênio/
Do nosso Brasil que segue avante pelo céu, mar e terra
Nas asas do progresso constante
Onde tanta riqueza se encerra
Lembrando PIS e PASEP
E também o FUNRURAL
Que ampara o homem do campo
Com segurança total
O comércio e a indústria
Fortaleceram nosso capital!
Que no setor da economia
Alcançou projeção mundial
Lembramos também

O MOBRAL, sua função
Que para tantos brasileiros
Abriu as portas da educação."

"O Grande Decênio" teve a intenção da exaltar <u>o Milagre Brasileiro</u>, justamente em um momento em que ele dava sérios sinais de desgaste. Quando o general Ernesto Geisel assumiu a presidência, em março de 1974, era projeto governamental manter o ritmo de crescimento econômico em torno dos sete por cento anuais, reduzindo-o a um plano inferior ao alcançado no período Médici. No entanto, o agravamento da crise do capitalismo internacional, do qual o Brasil era um grande devedor, logo chamou o governo à realidade. A década dos anos setenta trouxe consigo a crise do petróleo, e com ela o <u>Milagre Brasileiro</u> começou a virar miragem. Logo, a inflação voltou a crescer, a dívida externa tornou-se galopante e, com ela, os juros ganharam valores assustadores. Como observou Emir Sader: *"Estava armada a cilada ou a bomba de tempo que estouraria no início dos anos 80, comprometendo o desenvolvimento futuro do país e fazendo desses anos uma década perdida"[4].*

Dessa forma, a pretensão ditatorial em controlar o país em todos planos começava a ser posta à prova. Se algumas alternativas internas, como o acordo nuclear com a Alemanha Ocidental, por exemplo, puderam prolongar por algum tempo o discurso do <u>Brasil que vai pra frente,</u> os sinais evidentes de insatisfação política aumentavam. A preconcebida <u>abertura lenta e gradual,</u> anunciada por Geisel, não seguiu inteiramente o curso planejado. As posições conquistadas pelo MDB nas eleições e, em especial, a crescente organização do movimento operário, levaram à cena formas de atuação que pareciam mortas, como, por exemplo, as greves em 1978 e 1979. Mesmo a reação da ditadura com o <u>Pacote de Abril</u>, em 1977[5], não foi suficiente para conter a maré democrática que crescia contra ela, e que teve na decretação da Anistia, em 1979, uma vitória significativa.

Um samba-enredo da natureza do "Grande Decênio" pode ser compreendido como um verdadeiro sopro final, débil e um tanto ingênuo, que tentava

---

[4] SADER, Emir. *A transição no Brasil. Da ditadura à democracia?* São Paulo: Atual, 1990, p.29.

[5] Com esta ação autoritária do governo, o Congresso foi fechado por duas semanas, facilitando a decretação das seguintes medidas: as bancadas estaduais não poderiam ter mais do que cinqüenta e cinco deputados e menos do que seis, favorecendo o partido governamental, a ARENA; manutenção das eleições indiretas para governador; criação do senador biônico, eleito na razão de um por três pelas respectivas Assembléias Estaduais.

prolongar os restos de um vendaval que transtornara a sociedade brasileira. Em linhas gerais, os seus autores lançaram mão de algumas recentes criações da ditadura, apresentando-os como garantias de um futuro promissor. Ou seja, nada mais fizeram do que dar uma roupagem simplória a uma proposta de um governo que só reconhecia o eco do seu próprio discurso.

De saída, note-se o realce dado à continuidade do _progresso constante_, fator também abordado no samba-enredo do ano anterior. A novidade na composição de 1975 foi a exaltação de três programas sociais criados pela ditadura para os trabalhadores. Os dois primeiros – o PIS e o PASEP – foram instituídos durante o governo Castelo Branco, proporcionando a formação de uma reserva financeira para os trabalhadores regularizados e os funcionários públicos. Já o Fundo de Assistência ao Trabalhador Rural (FUNRURAL) concedia aos trabalhadores do campo direitos sociais que, até então, estavam restritos aos trabalhadores urbanos: aposentadoria por velhice e ou invalidez, pensão, auxílio-funeral, dentre outros. Instituído em 1971, o FUNRURAL foi extinto em 1991. De resto, como no Carnaval de 1973, o MOBRAL foi lembrado como mais um trunfo em favor do governo ditatorial.

Passadas duas décadas do fim da ditadura, as mazelas e os sofrimentos impostos por ela a muitos brasileiros correm o sério risco de mergulhar no esquecimento. Sem cair na vala comum dada pelo argumento pueril de que o povo brasileiro não tem memória, cabe a afirmação de que a memória coletiva é, da mesma forma que a sociedade, um permanente campo conflituoso. Se existe a lembrança da opressão e das perdas sofridas, existe também aquela dos que as provocaram. E, em uma proporção maior, cresce o campo dos indiferentes, daqueles que, nem por isso, carecem de memória.

Não cabe aqui discutir os motivos que contribuem para o esquecimento no âmbito da memória coletiva, mas, sem dúvida, um dos fatores causais é a natureza voluntária do esquecimento individual. Não é difícil para muitas pessoas medíocres lembrar de passagens singulares de que tiveram notícia, ou mesmo presenciaram, durante a ditadura. Mas muitas delas não são capazes simplesmente de lembrar daquele período de violência e opressão em si. Pode-se afirmar, a esse respeito, que muitas dessas pessoas viram a árvore mas não viram a floresta .

A esse respeito, um dos temas que se prestam a uma avaliação daquele período recente da História do Brasil é o humor; ou melhor, são as publicações humorísticas. Sabe-se que o humor não é uma particularidade humana que possa ser compreendida exclusivamente no âmbito individual. Henri Bérgson (1859-1941), filósofo francês, acentuou esse aspecto ao notar que: *"Não desfrutaríamos o cômico se nos sentíssemos isolados. O riso parece precisar de eco".*[6]

O eco referido por Bergson é, trocado em miúdos, o outro, o grupo, enfim, a própria sociedade. Tanto o cômico falado quanto o escrito possuem mecanismos próprios de ressonância, consideradas as condições em que se manifestam. E, sem dúvida, as ditaduras não costumam ser lenientes quanto às manifestações cômicas, particularmente quando estas se dão por meio de veículos que podem atingir a um público latente, e também resistir ao tempo. É o caso, por exemplo, de jornais e revistas, mais acentuadamente do que livros.

De outro lado, é prudente notar que esse tipo de comicidade não possui uma natureza unívoca. Nas ditaduras, se o riso é zombeteiro, ele lança a dúvida no seio da opinião pública, que, em tempos duros, contém muito poucas possibilidades para manifestações divergentes. E, no caso, a dúvida proposta comicamente pode ser uma fresta pela qual a interrogação venha a ganhar corpo. Existe também o riso que exalta e aclama o poderoso. Não é propriamente o cômico por encomenda, mas, simplesmente, um recurso simpático capaz de polir a figura do ditador, tornando-o palatável à opinião pública. A exploração de traços físicos, no caso da caricatura ou da charge, ou de singularidades de comportamento, no caso do chiste, tende a aproximar o poderoso da mediocridade social, na medida em que a exibição do exagero pode ser compreendida como uma franquia – uma expressão de liberdade na opressão – capaz de revelar um traço condescendente da autoridade suprema.

Uma demonstração desse último caso pode ser percebida nas relações entre a profusão de caricaturas e charges e a construção da imagem de Getúlio Vargas, entre 1930 e 1945: o Pai dos Pobres, mas também o baixinho esperto e malandro no trato da política.

No Brasil, as publicações humorísticas não costumam ter vida longa, à exceção dos notórios *O Malho* (1902-1954) e *A Careta* (1908-1960) que, entre outros aspectos, atravessaram períodos conturbados da vida política do país. No rol das publicações humorísticas editadas mais recentemente, o *Pasquim* (1969-1989) foi aquela que durou por mais tempo, além de ter nascido no início da Era AI-5. Vários jornalistas seguraram o Pasquim durante aqueles

---

[6] BERGSON, Henri. – *O riso. Ensaio sobre a significação do cômico.* Rio de Janeiro: Editora Guanabara, 2ª ed., 1987, p. 13.

anos difíceis; alguns chegaram a entrar em cana sob a acusação de subversão. O espírito de humor do grupo ficou demonstrado por ocasião da sua saída da prisão, quando em uma matéria saída no próprio *Pasquim* foi afirmado que alguns dos seus diretores estiveram gripados por algum tempo.

É possível que certas mentes críticas afirmem que o humor do *Pasquim* não foi uma arma política correta no enfrentamento à ditadura militar, pois com o alcance da publicação entre os leitores a sua atuação poderia ser mais contundente. Poderia? Fecharia no dia seguinte.

O *Pasquim* usou e abusou, até certo ponto, da condição de instrumento bem-humorado daquilo que muitos pensam mas não sabem dizer ou, na pior das hipóteses, têm receio de fazê-lo. Divertiu e incomodou em uma conjuntura dominada pela euforia dos oportunistas, dos indiferentes e, em particular, dos reacionários que, de certa forma, moldados ao estilo sério da ditadura, torciam o nariz em público diante das pasquinadas, para gozá-las às escondidas.

A um jornal que se nomeou como aquele que semeia ventos e colhe tempestades, cabe entendê-lo da mesma forma como, no século XIX, Charles Baudelaire elogiou o artista Honoré Daumier: *"um homem que, todas as manhãs, entretém a população parisiense, que, todo dia, satisfaz as necessidades da alegria pública e lhe dá seu pasto".* [7]

A Acadêmicos de Santa Cruz transportou para o Sambódromo a lembrança do nanico, do pequenino imortal, com a composição de Zé Carlos, Carlos Henri, Carlinhos de Pilares, Doda e Luiz Sérgio – "Os Heróis da Resistência" - envolvendo-a na alegria do Carnaval de 1990:

"Oh! Divina luz que nos conduz
Com bom humor e irreverência/
Hoje, ninguém vai nos ´gripar`
Somos os heróis da resistência
Vamos ´pasquinar`, recordar
Sorrir sem censura
Botar a boca na mundo, buscar bem fundo
Sem a tal da ditadura

---

[7] BAUDELAIRE, Charles. Prefácio in BRUCHARD, Dorotheé de (org.). *Honoré Daumier. Caricaturas*. Porto Alegre: Editora Paralaura, 1995, p.7.

Soltavam as bruxas, o pau comia

De golpe em golpe, quanta covardia!

Venha com a gente, povão

Abra o seu coração

Para o Pasquim, o ´pequenino imortal`

Simbolizado pelo sacana ratinho

Mesmo bombardeado, virou paixão nacional.

Aí, na palidez da folha

Imprimimos personagens geniais

Lindas mulheres espelhando nossas páginas

Ipanema foi o centro cultural

Hoje, essa história é carnaval

Gip, gip, nheco, nheco

Por favor não apague a luz

Por favor, não apague a luz!

Goze desta liberdade

Nos braços da Santa Cruz."

"Botar a boca no mundo, buscar bem fundo": foi este o papel desempenhado pelo <u>Pasquim</u> durante sua existência? Sem dúvida. O *"pequenino imortal simbolizado pelo sacana ratinho"*. O <u>Sig</u>, criado por Jaguar (Sérgio Jaguaribe), um dos fundadores do jornal, foi um dos símbolos da irreverência e da ousadia da publicação. O *Pasquim*, de <u>Ipanema para o mundo</u>, incomodou várias fatias da opinião pública de então. Muitos hipócritas e conservadores, crentes na imposição de uma mesmice moralista pela censura ditatorial, tiveram que conviver com uma linguagem irreverente – com seus <u>duca</u> e <u>putzgrila</u>, por exemplo – além da apologia da *<u>canabis sativa</u>* e das constantes <u>alfinetadas,</u> diretas ou indiretas, na hegemonia <u>careta</u> pelos governos militares. Custou um período de <u>gripe</u> para a maioria dos responsáveis, mas nenhum deles saiu da prisão sem disposição humorística.

Mesmo sofrendo uma ameaça de atentado à bomba[8], o jornal continuou a incomodar. Não deixou de ir às ruas durante a <u>epidemia gripal</u> que acometeu a maior parte da sua redação. Com o tempo, alguns dos seus fundadores saíram, outros permaneceram, mas o seu espírito moleque e crítico continuou até o fim. Com muita razão, os autores do samba-enredo da Acadêmicos de Santa Cruz cantam: *"vamos pasquinar, recordar/Sorrir sem censura"*.

De uma crítica, muitos sambas-enredo das safras dos anos oitenta e noventa estão livres: eles não foram indiferentes ao seu próprio tempo. Se o fim do AI-5 e a decretação da Anistia deram aos anos oitenta uma expectativa de mudança, a sobrevida da ditadura, personificada no governo João Figueiredo (1979-1985), era um contraponto ofensivo. Com isso, a opinião pública passou a conter um considerável espaço propício a discussões e críticas. E nele, é justo que seja ressaltada a participação de alguns compositores, mesmo que suas criações tendam a uma repercussão muitas vezes efêmera.

Nesse particular, já no Carnaval de 1980, o samba-enredo da Unidos de Vila Isabel, "Sonho de um sonho" de autoria de Martinho da Vila, Rodolfo de Souza e Tião Graúna, deu um belo recado. Inspirada no poema do mesmo nome, de Carlos Drummond de Andrade, a composição valeu-se de uma linguagem à altura do seu inspirador:

"Sonhei
Que estava sonhando um sonho sonhado
O sonho de um sonho
Magnetizado
As mentes abertas
Sem bicos calados
Juventude alerta
Os seres alados
Sonho meu
Eu sonhava que sonhava
Sonhei que era um rei

---

[8] "Cinco números depois uma bomba poderosa foi encontrada no prédio do jornal. Se tivesse explodido tiraria Botafogo no mapa." In REGO, Norma Pereira. *Pasquim: gargalhantes pelejas*. Rio de Janeiro: Relume Dumará /RioArte, 1996, p. 38.

Que reinava como um ser comum

Era um por milhares

Milhares por um

Como raios livres

Riscando os espaços

Transando o universo

Limpando os mormaços

Ai de mim

Ai de mim que mal sonhava

Na limpidez do espelho

Só vi coisas limpas

Como a lua redonda

Brilhando nas grimpas

Um sorriso em fúria

Entre réu e juiz

A clemência, a ternura

Puro amor na clausura

A prisão sem tortura

Inocência feliz

Ai meu Deus!

Falso sonho que eu sonhava

Ai de mim

Eu sonhei

Que não sonhava

Mas sonhei."

Com muitas alegorias nos seus versos, os autores procuraram expressar o despertar do poeta que sonhou com um mundo diferente daquele que estava se tornando uma amarga lembrança Será que foi este o *"sonho sonhado"* que os compositores procuraram passar naquele Carnaval?

"Mentes abertas sem bicos calados" lembraria um mundo sonhado sem censura. A liberdade desejada viria com *"seres alados"* que, *"riscando os espaços" "e "transando o universo"*, trariam um nova realidade, a exemplo

da limpidez do céu com a *"lua redonda brilhando nas grimpas"*, ou seja, bem alta. Límpida a sorrir, sem tortura, inocente e feliz. Eis o sonho do poeta que, sem AI-5, com anistia e eleições, sonhava acordado lutando para esquecer o passado e imaginando o futuro. Sonho sonhado no limiar de um novo tempo? Aos poetas tudo é permitido, até mesmo o desejo do fim do arbítrio, da tortura e das humilhações ao primeiro sinal de claridade. Belo samba-enredo este que a Vila Isabel levou à passarela, capaz de representar um canto de esperança no justo momento em que ela própria começava a surgir em muitas mentes brasileiras.

Aliás, a década dos anos oitenta proporcionou o surgimento de uma verdadeira fresta permitindo a entrada de um pouco de luz no ambiente escuro e torpe que dominara a sociedade brasileira desde 1964. A luminosidade em si não faz mais do que tornar visíveis figuras, objetos e o próprio ambiente que os abriga. Criações à parte, existem aqueles que conseguem produzir na escuridão e outros, ao contrário, que mesmo na claridade pouco ou nada produzem.

As lutas operárias, por exemplo, ganharam um impulso inusitado, compondo uma conjuntura que, já desenhada em meados da década anterior, continha tanto os efeitos da falência do dito Milagre Brasileiro quanto os germes da reorganização dos trabalhadores, indicados nas greves de 1978 e 1979. De outro lado, outros setores sociais – estudantes e outros segmentos pequeno-burgueses – organizavam-se no sentido de reconquistar direitos que haviam sido comutados pela ditadura. Mais do que uma crença na abertura, a mobilização política passou a apostar, por exemplo, na reconquista do voto direto em todas as instâncias, em que pese a enorme frustração com a derrota, em 1984, da Campanha das Diretas-Já.

Conquanto tenha se dado um avanço das lutas pela democracia no país, esse período da História republicana registrou reações violentas por parte de setores mais reacionários: eram elementos saudosos dos anos de chumbo e comprometidos com os porões da repressão e da tortura. Foram exemplos significativos dessas ações os atentados à bomba no Rio de Janeiro, em 1980, provocando a morte de uma funcionária da Ordem dos Advogados do Brasil (OAB), e a explosão de dois petardos no Riocentro, durante a realização de um *show* em comemoração ao Dia do Trabalhador, em 1981. Neste episódio, os atentados não chegaram a causar danos ao evento, mas foram um tiro pela culatra para os terroristas. Dois militares, agentes do DOI-CODI, foram vitimados pela explosão de uma bomba dentro do carro que ocupavam no estacionamento: um sargento morreu e um oficial saiu seriamente ferido.

Mas, feitas as contas, o que valeu para grande parte da opinião pública foi a certeza de que o período ditatorial estava por acabar. O que viria depois ficava muito mais por conta da esperança do que da certeza. E, dessa forma, não seriam os desfiles das escolas de samba que deixariam de refletir a nova conjuntura.

Com um título sugestivo, mas não à primeira vista, o samba-enredo do Império Serrano, para o Carnaval de 1986, deu asas a um certo voluntarismo que costuma acometer, vez por outra, a entusiasmados com mudanças na direção dos ventos políticos.

"Eu quero" diz muito, em particular a quem se costuma chamar de bom entendedor: quero e posso! A tantos anos de mordaça, nada mais adequado do que uma resposta afirmativa e plena de vontade:

"Eu quero a bem da verdade
A felicidade em sua extensão
Encontrar o gênio em sua fonte
Dessa doce ilusão
Quero, quero, quero sim
Quero que o meu amanhã, meu amanhã
Seja bem melhor
Uma juventude sã
Com ar puro em redor
Quero o povo bem nutrido
O país desenvolvido
Quero paz e moradia
Chega de ganhar tão pouco
Chega de sufoco e covardia/
Me dá, me dá
Me dá, o que é meu
Foram vinte anos que alguém comeu
Quero me formar bem informado
E meu filho bem letrado
Ser um grande bacharel
Se por acaso alguma dor

Que o doutor seja doutor
E não passe de bedel
Cessou a tempestade, é tempo de bonança
Dona Liberdade chegou junto com a esperança
Vem meu bem, vem meu bem
Sentir o meu astral
Hoje estou cheio de desejo
Quero lhe cobrir de beijos, etecétera e tal."

O futuro pode ser desejado ou sonhado, tanto faz. Previsto sem margem de erro, só pelas pitonisas de cores e posturas distintas. Mas, sonhar com os pés no presente e esperança no futuro é próprio dos homens comuns. Aluízio Machado, Luiz Carlos do Cavaco e Jorge Nóbrega deram asas à imaginação, cantando com esperança um sonho que não era só deles, mas de muitos homens comuns brasileiros.

Decorrida mais da metade dos anos oitenta, os escombros dos anos de chumbo não estavam de todo removidos. À renitência dos saudosos dos tempos ditatoriais somava-se, então, o temor por parte dos que temiam um avanço da democracia. Dessa previsível aproximação resultou, por exemplo, a derrota no Congresso do projeto das Diretas Já, em abril de 1984. De outro lado, cresciam a reorganização dos partidos e a participação política dos trabalhadores, em particular dos seus segmentos urbanos. Assim, a criação da Central Única dos Trabalhadores (CUT) e a retomada da greve como instrumento de luta demonstraram que os tempos eram outros. A corrosão salarial, a crescente inflação, a par de outras dificuldades, levaram às ruas uma quantidade maior de insatisfeitos, como pôde ser comprovado pelo Panelaço, que no mesmo 1984 agitou algumas das principais cidades do país.

O Carnaval de 1986 foi, sem dúvida, um momento em que desaguaram em plena passarela frustrações e esperanças. Se alguns não foram tocados por elas ao ponto de cantá-las, outros, como os compositores imperianos, o foram.

Desejos e sonhos foram estimulados pelo *tempo de bonança* que sucedeu à *tempestade* – a própria ditadura –, trazendo a *Dona Liberdade* que *chegou junto com a esperança*. Por que não? Uma juventude com um futuro melhor: um bacharel, um doutor, e não um bedel. Por que não dar asas ao sonho que leve o *filho bem letrado* à universidade? Paz, casa e trabalho?

Salário e alimentação dignos? Quando o país se tornar desenvolvido, tudo isso será realidade. Que não mais voltem a covardia e a tortura, ameaças constantes a grande parte da população brasileira de baixa renda. Sonhos não custam nada. Neles, tudo quero e tudo posso!

Um dos ditados mais populares no Brasil é o velho *"A esperança é a última que morre"*. Por acaso ou não, esta seqüência de sambas-enredo – "Sonho de um sonho", "Eu quero" e "Ajoelhou tem que rezar" – faz pensar a respeito do tradicional dito. A última dessas composições teve três compositores – Evandro Bóia, Naldo do Cavaco e Toninho 70 – que lhe deram o título completo de "Ajoelhou tem que rezar..." "Ou eu prometo".

Com ela, a Caprichosos de Pilares manteve, em 1987, uma linha temática bem próxima àquela defendida pelo Império Serrano, no ano anterior:

"Estou cansado de ser enganado

Papo furado é demagogia

Não vão aceitar (o quê)?

A minha barriga vazia

Espero da constituinte?

Em minha mesa muito pão

Uma poupança cheia de cruzados

E um Carnaval com muita paz no coração

Vou deitar, rolar

Pular feliz

Que eu sempre quis

Vamos, meu povo

Democracia é participar

Vote, cante, grite

É tempo de mudar

Quem vive de promessa é Santo

E eu não sou santo, meu senhor

Seu deputado, eu votei

E agora posso exigir

Quero ver você cumprir

Seu lero lero, blá, blá, blá.

Conversa mole isso aí

É papo pra boi dormir

Ajoelhou, tem que rezar

Não quero mais viver de ilusão

Você prometeu

Agora vai ter que pagar

Não vai me deixar na mão."

Composto na primeira pessoa, o <u>recado</u> do samba-enredo dirige-se, em verdade, a dois interlocutores: um bem próximo, o *meu povo*, o outro, o *seu deputado*, bem mais distante, em particular após as eleições.

O narrador é um esperançoso, mas, ao mesmo tempo, mostra-se como verdadeiro cobrador. É esperançoso quando afirma: *"Espero da constituinte em minha mesa muito pão e uma poupança cheia de cruzados"*, completando com outro desejo: *"E um Carnaval com muita paz no coração/Vou deitar, rolar/Pular feliz/Essa é a vida que eu sempre quis"*. Claro, pois era Carnaval, e ninguém é de ferro! Afinal, a convocação da Assembléia Nacional Constituinte já havia sido aprovada no Congresso, em novembro do ano anterior. Na contabilidade das esperanças dos homens comuns, esse ato do legislativo compensaria a perda trazida pela morte do presidente Tancredo Neves: o velho político mineiro que quase virou um d. Sebastião caboclo na imaginação de muitos brasileiros. A esperança voltava à ordem do dia. E com ela vinha um cheque a ser descontado a partir das eleições para o legislativo e governadores, em novembro de 1986.

Mas a face cobradora logo se mostra quando é dito: *"Vamos, meu povo/ Democracia é participar/Vote, cante, grite/É tempo de mudar"*. Não se trata de uma cobrança qualquer. É uma cobrança carnavalesca, mas não deixa de ser séria.

Cobrança maior vem em seguida. Dessa feita para o *"seu deputado"*: *"Seu deputado, eu votei/E agora posso exigir/Quero ver você cumprir/Seu lero lero, blá, blá, blá/Conversa mole é isso aí/É papo pra boi dormir/Ajoelhou tem que rezar/Não quero mais viver de ilusão/Você prometeu/Agora vai ter que pagar/ Não vai me deixar na mão"*.

É uma cobrança, sem dúvida, de quem acredita que, após tanto tempo sem eleições livres, as coisas poderiam mudar, e os compromissos entre cidadãos e seus representantes não poderiam mais ser regidos pela *"conversa mole"*. Afinal, a esperança não é a última que morre?

Desde a posse de Sarney, em março de 1985, começou a ser vendida, em particular pela mídia, uma paródia da velha estória de Cinderela; só que ela, ao contrário do modelo tradicional, levou o nome de Nova República. A exemplo de muitos estabelecimentos comerciais em que o aviso de "sob nova direção" camufla, no mais das vezes, a continuidade do que já existia, aquela nova etapa republicana assim o fez. Seria incorreto, no entanto, negar a não-ocorrência de mudanças no cenário nacional, como bem notou um crítico daquele momento político:

"Inegavelmente se trata de um novo regime. A forma de dominação política foi modificada, substituindo as instâncias militares por formas parlamentares: a Nova Constituição fortaleceu o papel do Congresso, as liberdades individuais foram ampliadas, o direito de organização política foi explicitado, introduziram-se direitos de cidadania que antes não constavam de nosso sistema jurídico, tem vigência, ao menos teoricamente, um Estado de direito baseado em lei votadas por um Parlamento eleito pelo voto universal e direto." [9]

Mas o relógio do tempo político não funcionou – nem funciona – da mesma forma que o tradicional. Logo, o sonho que era vendido à sociedade começou a perder sua nitidez. A transição apregoada pelo governo começou a mostrar a sua face real. Pior do que aconteceu com a jovem pobre da estória tradicional que viveu momentos reais de luxo e de satisfação, grande parte da sociedade brasileira foi envolvida por um sonho fabricado.

As crescentes dificuldades no âmbito econômico-financeiro levaram ao estabelecimento do Plano Cruzado, em março de 1986. A inflação, o desemprego e o desgaste salarial continuaram a infernizar a vida da maioria dos assalariados, em particular aqueles de baixa renda. Até mesmo ameaças de desabastecimento ocorreram, levando o governo demagogicamente a apelar para os fiscais do Sarney. Acima de tudo, a dita Nova República demonstrou que, quando trabalhadores começam a ultrapassar os limites que lhes tentam impor, recebem em troca doses variáveis de um velho remédio. Essas doses, por serem justamente variáveis, vão desde o entendimento até a repressão física mais brutal. Foi o que ocorreu com o movimento reivindicatório dos operários

---

[9] SADER, Emir. Op.cit., p. 54.

da Companhia Siderúrgica Nacional, em novembro de 1988, quando a violenta intervenção do Exército provocou o assassinato de três trabalhadores.

O fim prático da Nova República foi marcado por um profundo desgaste do governo Sarney, circunstância que contribuiu para a montagem de um espetáculo político por parte das forças conservadoras tendo em vista o quadro eleitoral que se montou durante 1989. Capitaneada pelo Partido dos Trabalhadores, a candidatura do líder sindical Luís Inácio da Silva à presidência lançara um fato novo na arena política nacional. Dessa vez, o bloco histórico dominante teria como principal adversário um candidato que, em princípio, não estava comprometido com propostas populistas.

Já que as eleições presidenciais não mais seriam decididas pelo Colégio Eleitoral, e sim por voto direto, a estratégia conservadora procurou jogar todas as suas cartas em uma proposta que aparentasse uma ruptura com o passado. Amparada por uma ampla e eficaz campanha de *marketing,* muito mais do que no Partido de Renovação Nacional (PRN) – verdadeira instituição de encomenda –, a candidatura Fernando Collor de Mello apresentou-se atirando em duas direções. O *charming boy* [10]de Alagoas era ao mesmo tempo o anti-Sarney e um escudo contra o que chamava de nova ameaça de anarquia. Daí, por exemplo, sua retórica fundamentada no moralismo, no combate à corrupção e no alerta aos riscos de uma ascensão de um governo popular. Assim, Collor chutava um cachorro morto – o governo Sarney – e, ao mesmo tempo, explorava os recursos da dobradinha formada pelo nacionalismo e o anticomunismo, justamente em um momento histórico em que a URSS dava sinais evidentes do seu iminente fim. Não deu outra: Collor venceu Lula, mesmo tendo ido para o segundo turno.

O primeiro ano de um novo governo e mais uma Copa do Mundo eram temas sedutores a desafiar a criatividade dos compositores para aquele Carnaval. Com um samba-enredo composto a dez mãos, a Caprichosos de Pilares foi à luta, em 1990. combinando dois temas palpitantes e, claro, acrescentando a eles o Carnaval, neste "Com a boca no mundo":

"É Carnaval (eu falei é Carnaval!)

Um sorriso novo

Sonho e fantasia, cenário desse povo

---

[10] Essa expressão foi empregada pelo sociólogo Florestan Fernandes no seu trabalho *A transição prolongada. O período pós-constitucional.* São Paulo: Cortez Editora, 1990, p.17.

Canta... Sua vida é este canto

Faz sua voz ecoar

Dá um show nesta folia

Todas as bocas vão se irmanar

Na boca da noite, prenúncio de ilusão

É a vida que fervilha, no palco rebrilha

Sob a luz do néon

Deixa o circo pegar fogo

Amor, amor!

Quem tem boca vai a Roma

Eu tô que tô

(É gol)

Na boca do gol

Há um delírio de emoção

É o grito da galera

Na boca de espera de ser campeão

Nesta boca lá vou eu (oi, lá vou eu)

Seja o prato que for

Com a boca do amor

Da boca do forno, a boca do povo

Não sente o sabor (Ih, mas aproveita)

Aproveita, minha gente

O banquete começou

Caprichosos bota a mesa

Com amor e sutileza

Mil sorrisos libertou (ôôôô)

Ô ô ô ô ô ô

Na boca da urna, o voto tentou

Ô ô ô ô

Dar adeus aos marajás

Picaretas nunca mais! (mas olha)

Olha, este povo tão sofrido
Com a boca no mundo
Querendo um futuro ideal
Dá água na boca
Na boca da massa
Bota a boca no trombone
Quando a Caprichosos passa."

Os cinco autores dessa composição – Jarbas da Cuíca, Evaldo Santos, Grajaú, Carlinhos Democrático e Fernando – apostaram em uma letra capaz de empolgar o desfile da sua escola, explorando três termos básicos: povo (massa), palco (ou circo) e boca (canto, grito ou protesto). Com eles, a trama poética procurou criar um clima capaz de combinar a alegria própria do Carnaval, a expectativa em uma vitória do futebol brasileiro em Roma e, por fim e mais importante, a esperança em uma mudança prometida na campanha de Collor. Neste caso, a menção aos marajás e picaretas ilustra a crença em uma das promessas coloridas: aqueles que deveriam ser caçados estavam no interior das burocracias federal, estadual e, até mesmo, das municipais. Fora engolida uma das pílulas oferecidas pelo porta-voz da transformação conservadora, personificada por um presidente jovem, simpático, esportista e disposto a mudar o Brasil. Por ela, um dos males causadores dos obstáculos às transformações estruturais brasileiras estava identificado e reconhecido pelos altos salários e privilégios, as tais mordomias. Extirpados esses cancros, o país poderia caminhar no rumo do progresso pelas mãos autoritárias, nacionalistas e voluntaristas do novo presidente. Haja esperança para *"este povo tão sofrido!"*.

A seleção brasileira não passou da segunda fase da Copa do Mundo, pois foi mandada de volta por Maradona & Cia. Já o primeiro presidente eleito pelo voto direto desde 1960 não passou de 1992. Foi descartado dentro da lei, inclusive com a conivência de muitos daqueles que o haviam apoiado. Virou um verdadeiro bagaço político, sendo esquecido aos poucos.

Mas será que antes do esquecimento veio a dúvida? A crer no samba-enredo cantado, no mesmo 1990, pela Unidos do Cabuçu, a resposta seria positiva. *"Será que votei certo para presidente?"*, da autoria de Afonsinho, João Anastácio, Walter da Ladeira e Carlinhos do Grajaú, lançou uma pergunta no ar:

"O sol da liberdade
No horizonte enfim raiou
Com rara felicidade
O povo livre votou
Vejam só
A ironia do destino está presente
Vejam só, parece mentira eu votei pra presidente
Era muita pilantragem
A mais grossa sacanagem
Uma vilã, podes crer
Por trás de tanta lambança
Uma luz uma esperança
Firme em cada alvorecer
Eu votei, se votei certo só mesmo o tempo dirá
Peço a Deus sinceramente que ilumine
Desde agora, desde já
Proteção ao índio
À flora e aos pantanais
O ouro é nosso, não deixe ser extintos
Senhor presidente, pra essa miséria terminar
Faça um governo capaz
Dê melhor vida, amor e paz
O povão espera assim."

Após um jejum eleitoral de quase trinta anos, o eleitorado brasileiro pôde escolher o seu presidente por meio do voto direto. Portanto, não é de estranhar que um lamento pleno de esperança, como esse samba-enredo, fosse cantado no Carnaval de 1990, justamente nos primeiros meses do governo Collor.

A construção poética é bem equilibrada, em especial se for reconhecida a importância do voto direto para boa parte da população capacitada para o seu exercício. A idéia de que o sol da liberdade raiou no horizonte – talvez uma paráfrase de versos do *Hino da Independência* – é bem interessante, na medida em que insinua a exclusão cidadã imposta ao eleitorado. Mesmo que essa brutalidade tenha sido qualificada como *"pilantragem"* e *"sacanagem"*, a adjetivação vulgar pode ser compreendida como um recurso lingüístico para reduzir a ditadura a uma condição aviltante; que, aliás, está reforçada na própria letra da composição, com o uso do termo *"vilã"*.

Um outro aspecto a ser notado no samba-enredo é que nele, como em outros já analisados, a presença da palavra *"esperança"* denota um traço comum à poética de muitos compositores populares: *"Uma luz, uma esperança./Firme em cada alvorecer"*. Dessa esperança vêm os apelos ao presidente recém-eleito, compondo um naipe variado que contém desde a proteção ao índio aos pantanais e à riqueza do solo, simbolizada pelo ouro. Uma vida melhor, com paz e sem miséria, são apelos não apenas dos compositores, mas de grande parte da sociedade brasileira.

Em pouco tempo aquele a quem os apelos eram dirigidos <u>desapareceu do mapa</u>, candidatando-se a um lugar no nicho do esquecimento. Será que os seus eleitores votaram certo?

Mas como se sabe que o esquecimento é um ato por vezes voluntário, passados dez anos do início do governo Collor, uma das suas bravatas de campanha foi lembrada pela mesma Caprichosos de Pilares. Em verdade, o samba-enredo *"Brasil, teu espírito é santo"*, cantado no Carnaval de 2000, mencionou somente em dois versos a atuação dos "caras-pintadas" durante a campanha para o impedimento de Collor. Nada mais do que isso. Acontece que a letra composta por Mauro, Claudinho, J. Bodão e Márcio do Swing repisa a atuação política popular ao longo de um período determinado da História do Brasil, com a particularidade de associar essa ação ao fato de <u>Deus ser brasileiro</u>.

> "Brasil, eu amo você
> Meu país abençoado
> Brasil de JK, JQ, JG
> Memórias de um passado
> Brasil virou o jogo na arena
> Roubou a cena
> O bom senso idolatrado
> E a Caprichosos
> Agradece e bate palma
> Se Deus é brasileiro

O povo é a alma

O violão, a Bossa Nova

Uma canção do Rei

Um hippie sem compromisso

O coração, a lei

Nos caminhos da saudade

A esperança, a paz

Diretas a sua vontade

Na alegria dos carnavais

Vencemos, dançamos

De cara pintada tiramos

Deu pra ver

O que é amar

Nossa pátria mãe gentil

Hoje a festa é sua

É só comemorar

Meu Brasil

Capricha na virada, amor, amor

O futuro é todo seu

Teu espírito é santo, é guerreiro

Sou mais você, valeu."

Segundo a sinopse divulgada pela própria escola de samba, essa composição era uma homenagem aos 500 anos do Brasil, a serem celebrados naquele ano. Como samba-enredo não é relatório político, nem muito menos livro didático, o que importa é apreciá-lo e, se possível, entrar no seu clima.

À primeira vista, a intenção da composição é ressaltar a condição histórica do Brasil como país abençoado por Deus, declarada logo no segundo verso. Com a graça de Deus, segundo os autores, as *"memórias do passado"* vêm à memória. Nela desfilam desde Juscelino Kubitscheck, Jânio Quadros e João Goulart à Bossa Nova e ao inefável violão, Roberto Carlos até um hippie anônimo sem compromisso. Protegido por Deus vem o povo – a alma do país –, crendo na paz e esperançoso, como, aliás, outros sambas-enredo assinalam.

A decepção das Diretas Já é compensada pela ação dos <u>caras- pintadas</u> para o impedimento de Collor. Toda essa rememoração é emoldurada pela alegria carnavalesca, que, ao final, não deixa que " *O futuro é todo seu/Teu espírito é santo, é guerreiro/Sou mais você, valeu"*. Lugar comum? Nem tanto. Mais vale um samba-enredo como esse do que uma caravela inútil, verdadeira chacota oficial a comemorar os cinco séculos do Brasil.

Por fim, mas não menos importante, chegou a vez de a <u>Era FHC</u> entrar na passarela. No Carnaval de 1998, a São Clemente se apresentou com "Maiores são os poderes do povo! Se liga na São Clemente":

"Maiores são os poderes do povo

É o grito da massa, de novo

Se liga nessa, São Clemente vem aí

Contagiando a Sapucaí

Vejam só que brincadeira

Bagunçaram nosso Carnaval

Nossa luta é pioneira

Somos vanguarda da cultura nacional

A esperança continua

De ver um novo amanhã

Todos são iguais, sem distinção

Sem fome e discriminação

Viver melhor e encontrar

Saúde e mais educação

Quero ver você zoar

Com a bateria

Ter certeza de brindar

Um novo dia

Energia de viver

Vem se embalar

Brincar de ser feliz quero sonhar

Vem mudar o meu país

Realizar o sonho que o povo sempre quis

Ter um voto consciente

Cidadania um Brasil de gente

Sempre a sorrir

Vamos lutar

Todo mundo vai ganhar!"

De autoria de Ricardo Góes, Ronaldo Soares, Chocolate e Fernando de Lima, essa composição tipifica, a exemplo de sambas-enredo anteriores, um canto de esperança em mudanças, mas, ao mesmo tempo, não deixa de insinuar um certo cansaço histórico com relação à persistência de dificuldades que emperram as transformações estruturais no país. Note-se que, da mesma forma que em discursos alheios, as razões desses obstáculos não são sequer tangenciadas. Poderiam sê-las em pleno Carnaval?

A crença na capacidade desta entidade de significado elástico – povo – é declarada pelos autores no título da composição e no seu primeiro verso, quando repetem a fala de um personagem de Glauber Rocha no seu "Deus e o Diabo na Terra do Sol" : *"Maiores são os poderes do povo!"*.

Se no filme do diretor baiano esse grito ecoou em plena aridez da caatinga, agora ele agitava animadamente um desfile alegre em um espaço pleno de luzes, sons, paetês e miçangas. Por maiores que sejam as distâncias e diferenças entre as duas manifestações culturais – cinema e desfile carnavalesco – em um aspecto elas se aproximam, quase se tocando: ao apregoar os poderes do povo, essas manifestações reanimam, mesmo por um breve tempo, a reserva de esperança que existe no fundo do pensamento de todos os homens.

Uma leitura dessa composição da São Clemente pode revelar o empenho dos autores em fazer, em pleno Sambódromo, uma lição de casa, uma redação ao estilo das antigas e risonhas escolas. O tema mais coerente com o momento vivido por eles poderia ser identificado com a proposta de um professor entediado: Fale tudo que sabe sobre o povo brasileiro!

Assim, a *massa* está de novo na rua animada pela esperança que não morre. Um *novo amanhã com todos iguais, sem distinção, sem fome e discriminação, com saúde e educação.* Mal comparando, esse é um mapa das expectativas da maior parte dos brasileiros. Mapa que, por sinal, é detalhado ano após ano, durante as eleições, por uma variedade enorme de candidatos das mais distintas cores e intenções.

Como o Carnaval é um momento de fantasia e ilusão, animado pela crítica consentida, não custa nada aproveitá-lo para lançar qualquer grito no ar. Ainda mais que naquele ano de 1998 uma eleição presidencial teria lugar. Lula, de novo candidato, enfrentando FHC que buscava – e conquistaria – sua reeleição, alternativa garantida, em 1997, por uma Emenda Constitucional até hoje lembrada pelas manobras empregadas pelo seu governo.

Carnaval é coisa séria. Nele, é possível e permitido brincar. E, afinal, brincando pode-se dizer coisas sérias!

Bibliografia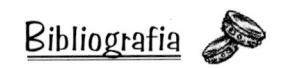

AQUINO, Rubim Santos Leão de. *et alii*. *Sociedade brasileira*: uma História através dos movimentos sociais – da crise do escravismo ao apogeu do Neoliberalismo. Rio de Janeiro: Record, 2000.

ARAÚJO, Hiram (coord.). *Memória do Carnaval*. Rio de Janeiro: Oficina do Livro, 1991.

AZEVEDO, João Lúcio de. *Épocas de Portugal Econômico*. Lisboa: Livraria Clássica Editora, 1947.

BAUDELAIRE, Charles. Prefácio in BRUCHARD, Dorothée de (org.). *Honoré Daumier. Caricaturas*. Porto Alegre: Paralaura, 1995.

BERGSON, Henri. *O riso. Ensaio sobre a significação do cômico*. Rio de Janeiro: Guanabara, 1987.

CABRAL, Sérgio. *As Escolas de Samba do Rio de Janeiro*. Rio de Janeiro: Lumiar, 1936.

CAMÕES, Luís de. *Os Lusíadas*. Rio de Janeiro: Companhia José Aguilar Editora, 1973.

CHAUI, Marilena. *Brasil. Mito fundador e sociedade autoritária*. São Paulo: Fundação Perseu Abramo, 2000.

COSTA, Haroldo. *Salgueiro – Academia de Samba*. Rio de Janeiro: Record, 1984.

COSTA E SILVA, Alberto. *O senhor dos desgraçados*. Revista "Nossa História". Rio de Janeiro: Biblioteca Nacional, 2005, n° 7.

DIAS, Manuel Nunes. *O descobrimento do Brasil*. São Paulo: Livraria Pioneira Editora, 1967.

FERNANDES, Florestan. *A transição prolongada:* O período pós-constitucional. São Paulo: Cortez, 1990.

FREITAS, Décio. *O socialismo missioneiro*. Porto Alegre: Movimento, 1982.

GONZALES, Lélia. *Festas populares no Brasil*. Rio de Janeiro: Index, 1989.

HOORNAERT, Eduardo. *Formação do Catolicismo brasileiro – 1550-1800*. Petrópolis: Vozes, 1974.

LAMBER, Jacques. *Os dois Brasis*. São Paulo: Companhia Editora Nacional, 1967.

"O Globo". 2 de março de 2003.

REGO, Norma Pereira. Pasquim: gargalhantes pelejas. Rio de Janeiro: Relume Dumará – Rio Arte, 1996.

RODRIGUES, João Carlos. *Pequena História da África Negra*. São Paulo: Globo, 1990.

SADER, Emir. *A transição no Brasil*. Da ditadura à democracia?. São Paulo: Atual, 1990.

SÉRGIO, Antônio. *Breve interpretação da História de Portugal*. Lisboa: Clássicos Sá da Costa, 1972.

SILVA, Marília T. Barboza e OLIVEIRA FILHO, Arthur C. de. *Silas de Oliveira*. Do jongo ao samba-enredo. Rio de Janeiro: MEC-FUNARTE, 1981.

SUASSUNA, Ariano. *Romance d'A Pedra do Reino e o príncipe do sangue do vai-e-volta*. Rio de Janeiro: José Olympio, 1971.

TINHORÃO, José Ramos. *História Social da Música Popular Brasileira,*. Lisboa: Editorial Caminho, 1990.

TRINTA, Joãozinho. *Psicanálise Beija-Flor*. Joãozinho Trinta e os analistas do colégio. Rio de Janeiro: A Outra Editora-Livraria Taurus, 1985.

VAINFAS, Ronaldo (org.). *Dicionário do Brasil Imperial (1822-1889)*. Rio de Janeiro: Objetiva, 2002.

VALENÇA, Rachel. *Palavras de purpurina.* Estudo lingüístico do samba-enredo. Niterói: Instituto de Letras – UFF, Tese de mestrado, 1983 (mimeo).

VALENÇA, Rachel Teixeira e VALENÇA, Suetônio Soares. *Serra Serrilha, Serrano:* império do samba. Rio de Janeiro: José Olympio, 1981.

VARGENS, João Batista M. *Candeia.* Rio de Janeiro: Martins Fontes-FUNARTE, 1987.

VIANNA, Hélio. *História do Brasil-Monarquia e República.* São Paulo: Melhoramentos, 1962.

Impressão e acabamento
Gráfica da Editora Ciência Moderna Ltda.
Tel: (21) 2201-6662